AVANT-PROPOS

Lorsque la question traitée dans cette étude a été mise au concours, j'étais dans l'intention de demander l'inscription à l'ordre du jour de la Société d'Économie politique, d'une discussion sur un sujet analogue.

Mes notes étaient préparées pour soutenir cette discussion.

Je n'ai eu qu'à les compléter, à les modifier et à les juxtaposer pour ainsi dire. Je l'ai fait sans doute avec un peu de hâte et l'étude se ressent de ce procédé de travail; j'aurais pu donner plus de cohésion à l'ensemble, mais j'ai préféré publier ce mémoire tel qu'il a été soumis aux hommes savants et expérimentés qui composent le bureau de la Société d'Économie politique, et dont je suis heureux d'avoir obtenu le suffrage.

E. D

MÉMOIRE COURONNÉ PAR LA SOCIÉTÉ D'ÉCONOMIE POLITIQUE

(Concours J. LAIR)

DES INCONVÉNIENTS

DE LA

Limitation Légale

DU

TAUX DE L'INTÉRÊT

PAR

Edmond DUVAL

Directeur du Mont-de-Piété de Paris. — Membre de la Société d'Économie politique.

PARIS

GUILLAUMIN ET Cⁱᵉ, ÉDITEURS

DE LA COLLECTION DES PRINCIPAUX ÉCONOMISTES, DU JOURNAL DES ÉCONOMISTES
DU DICTIONNAIRE DE L'ÉCONOMIE POLITIQUE
DU DICTIONNAIRE UNIVERSEL DU COMMERCE ET DE LA NAVIGATION.
14, Rue Richelieu, 14.

—

1892

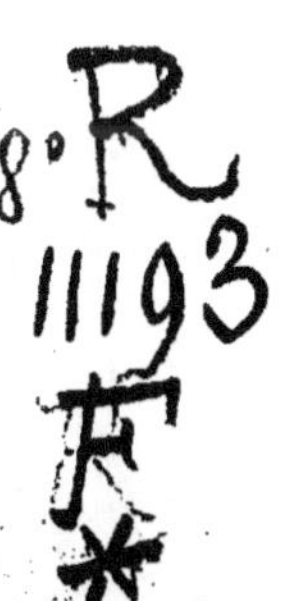

MÉMOIRE COURONNÉ PAR LA SOCIÉTÉ D'ÉCONOMIE POLITIQUE

(Concours J. LAIR)

DES INCONVÉNIENTS

DE LA

Limitation Légale

DU

TAUX DE L'INTÉRÊT

PAR

Edmond DUVAL

Directeur du Mont-de-Piété de Paris. — Membre de la Société d'Économie politique.

> Je me suis demandé s'il n'y avait pas
> lieu de chercher la définition de l'usure,
> non pas dans le taux de l'intérêt, mais
> dans les manœuvres qui pouvaient accom-
> pagner le prêt...
>
> LÉON SAY, 1877.

PARIS

GUILLAUMIN ET Cie, ÉDITEURS

DE LA COLLECTION DES PRINCIPAUX ÉCONOMISTES, DU JOURNAL DES ÉCONOMISTES,
DU DICTIONNAIRE DE L'ÉCONOMIE POLITIQUE,
DU DICTIONNAIRE UNIVERSEL DU COMMERCE ET DE LA NAVIGATION.

14, Rue Richelieu, 14

1892

SOCIÉTÉ D'ÉCONOMIE POLITIQUE

Extrait du procès-verbal de la séance du 5 mars 1892.

M. Frédéric Passy, de l'Institut, président, rappelle que, en exécution des dispositions testamentaires de feu M. Joseph Lair, un concours a été institué pour un prix à décerner par la Société.

Il donne la parole au secrétaire perpétuel pour la lecture du rapport suivant :

« MESSIEURS,

» Nous venons vous rendre compte des résultats du concours ouvert par la Société dans sa séance du 5 janvier 1891.

» Il s'agissait, ainsi que vous vous en souvenez, d'exposer les conséquences des législations relatives au taux de l'intérêt. Une somme de 1000 francs, mise à notre disposition en vertu du testament de notre regretté collègue M. Joseph Lair, était affectée à ce concours.

» Un seul mémoire a été, en temps utile, c'est-à-dire

avant le 31 décembre 1891, déposé au secrétariat de la Société. Votre bureau, se considérant, en l'absence de toute indication à ce sujet, comme juge du concours, en a pris connaissance et, à l'unanimité, il vous propose de lui décerner le prix.

» Non peut-être que ce travail réponde complètement à ce que vous pouviez avoir en vue. On peut regretter que la législation française y soit presque seule étudiée. On peut regretter aussi que les considérations d'ordre économique n'y tiennent qu'une place relativement peu considérable et que la jurisprudence fasse en partie les frais de l'argumentation de l'auteur. Mais, dans ce qu'elle est, cette argumentation est solide; les exemples sont bien choisis, démonstratifs par eux-mêmes et commentés dans un style sobre, clair, et de nature à porter la conviction dans l'esprit de tout lecteur non prévenu.

» C'est d'ailleurs surtout sur la législation française qu'il était naturel de faire porter la critique, puisque, par un étrange et regrettable retard, la France est aujourd'hui, parmi les grandes nations, presque la seule qui maintienne encore en partie les anciennes mesures limitatives de la liberté du taux de l'intérêt. On sait que malgré les efforts d'un certain nombre d'entre nous, le Parlement, en consentant à abroger la loi de 1807 pour les prêts commerciaux, a refusé de l'abroger en matière civile. Vainement des jurisconsultes de haute valeur comme M. Jozon, rapporteur de l'un des projets soumis à la Chambre des députés, ont-ils démontré que la distinction entre ces deux ordres de prêts ne repose sur aucun fondement sérieux et que toute disposition restrictive est forcément arbitraire et dangereuse; le vieux préjugé contre lequel ont lutté tour à tour les Turgot, les Bentham et les Bastiat, a dominé l'esprit de nos législateurs, et les a empêchés de revenir purement et simplement au texte du

Code civil dont Napoléon, en 1807, a si déplorablement méconnu la sagesse. En discutant pied à pied, comme il l'a fait, cette erreur, en montrant par des faits précis les conséquences fâcheuses qu'elle entraîne dans la pratique; en tirant, en un mot, des jugements mêmes que les tribunaux, en l'état actuel de notre législation, sont contraints de rendre, la condamnation de cette législation, l'auteur aura certainement contribué à préparer le dernier progrès qui reste à accomplir. Et, tout en regrettant, comme nous l'avons fait, qu'il n'ait pas donné à son œuvre plus d'ampleur et de variété, nous estimons qu'il a rendu un service très réel à la science et à la pratique et nous n'hésitons pas à vous proposer, Messieurs, de lui allouer le prix que nous devons à la générosité de notre ancien collègue, M. Lair.

» Pour le bureau: *Le Président rapporteur*,

« Frédéric **PASSY**. »

DES INCONVÉNIENTS

DE LA

Limitation légale du Taux de l'Intérêt.

———

Je me suis demandé s'il n'y avait pas
lieu de chercher la définition de l'usure,
non pas dans le taux de l'intérêt, mais
dans les manœuvres qui pouvaient
accompagner le prêt...

LÉON SAY, 1877.

I

Un des problèmes économiques les plus difficiles à résoudre est celui de l'équitable répartition des produits de l'industrie, sous toutes ses formes, entre les trois agents de production : le travail, l'intelligence et le capital.

Si la solution de ce problème qui passionne tous les économistes était trouvée, « la question sociale », pour employer le langage courant, serait du même coup à peu près résolue.

La rémunération du travail physique ou intellectuel peut encore se régler selon les conditions de l'offre et de la demande, l'employé et l'employeur restant libres, chacun de son côté, de refuser ou d'accepter les propositions réciproques.

Il n'en est pas de même du capital dont la rémunération n'est pas seulement réglée par l'abondance ou la rareté, et par les risques courus ; en effet, au-dessus d'un taux déterminé, la loi intervient pour en limiter le prix de loyer, ce qu'elle ne fait pas lorsqu'il s'agit de payer le concours des deux autres agents.

II

Il ne doit plus être question ici de la légitimité de l'intérêt attribué au capital. La discussion au Concile de Latran et la bulle du 9 mai 1515, donnée par Léon X, pour autoriser les Monts-de-Piété à prêter à intérêt ont depuis longtemps déjà nui aux arguments des canonistes ; la loi d'octobre 1789 a consacré la légitimité du prêt à intérêt ; la célèbre controverse soulevée en 1848, entre Proudhon et Bastiat, a anéanti, grâce à la logique puissante de ce dernier, les prétentions des socialistes.

Turgot, d'ailleurs, avait singulièrement élucidé la question, dans le chapitre XIX de son mémoire sur les prêts d'argent : « C'est d'abord une preuve bien forte contre les principes adoptés par les théologiens rigoristes, sur la matière du prêt à intérêt, que la nécessité absolue de ce prêt pour la prospérité et pour le soutien du commerce ; car quel homme raisonnable et religieux en même temps peut supposer que la Divinité ait interdit une chose absolument nécessaire à la prospérité des sociétés ? »

Et Turgot démontre alors que si les capitaux n'étaient pas sollicités par l'intérêt qu'on en tire, ils resteraient inertes entre les mains des capitalistes, au grand dommage du commerce et de la société :

« L'exécution rigoureuse d'une pareille défense enlèverait à la circulation des sommes immenses, que la confiance de les retrouver au besoin y fait verser à l'avantage réciproque des prêteurs et des emprunteurs, et le vide s'en ferait nécessairement sentir par le haussement de l'intérêt de l'argent et par la cessation d'une grande partie des entreprises de commerce. »

Les chapitres xxiii, xxiv et xxv de cet admirable mémoire ne sont pas moins précis et concluants. Tout est à lire et à retenir dans cet ouvrage, où les principes sont posés avec une logique et une honnêteté convaincantes.

Ces principes des théologiens rigoristes, dont parle Turgot, sont ainsi exposés dans le décret de 1515, lorsque Léon X exprime les sentiments et les motifs de ceux qui désapprouvaient les Monts-de-Piété : « Ces Monts ne sont pas permis, parce qu'on y exige quelque chose au delà du capital ou de la somme prêtée ; ce qui leur imprime une tache d'usure, puisque, suivant le témoignage de l'évangéliste saint Luc, Notre-Seigneur nous a défendu clairement d'espérer dans le prêt aucun profit au delà du capital. Car voici quelle est la vraie idée de l'usure : c'est d'exiger sans travail, sans dépense, sans péril, un profit de l'usage d'une chose stérile de sa nature et qui est consumée par l'emploi qu'en fait celui à qui elle a été donnée en prêt. »

Or, saint Luc a dit simplement : « *Mutuum date, nihil inde sperantes*. — Prêtez sans en espérer aucun avantage. »

« Des gens de bon sens, dit Turgot, n'auraient vu dans ce passage qu'un précepte de charité ; et la charité ne prescrit pas seulement de prêter sans intérêt ; elle ordonne de prêter et de donner, s'il le faut. Tout homme qui lira ce texte sans prévention y verra ce qui y est, c'est-à-dire que Jésus-Christ a dit à ses disciples : « Comme chrétiens, comme hommes, vous êtes
» tous frères, tous amis ; secourez-vous dans vos besoins, que
» vos bourses vous soient ouvertes les uns aux autres et ne vous
» vendez pas les secours que vous vous devez réciproquement,
» en exigeant l'intérêt d'un prêt dont la charité vous fait un
» devoir. »

C'est là l'indication d'un devoir de charité et non un précepte de justice rigoureuse, applicable à tous les cas où l'on peut prêter.

Là est la vérité, et les socialistes raisonnaient comme les canonistes quand ils disaient : il est inique d'exiger un intérêt pour mettre à la disposition de celui qui en a besoin un capital inutile entre les mains du prêteur. « Prouvez-moi qu'en déposant une pièce de cinq francs dans un tiroir pendant une année, vous trouverez, en ouvrant ce tiroir, à l'expiration du terme, une somme de 5 fr. 25 c., et j'admettrai avec vous la légitimité de l'intérêt. »

Cette exagération des idées socialistes peut être l'effet d'une réaction provoquée par l'inégalité de la répartition des produits d'exploitation. Si, autrefois, en effet, le capital était censé ne devoir rien produire qui ne fût taxé d'usure, on peut dire qu'aujourd'hui ce même capital absorbe quelquefois à lui seul la plus forte part des fruits. Nous sommes, dans bien des cas, tombés dans l'excès contraire. On verra, par exemple, des capitalistes placer leurs fonds dans une exploitation de mines et trouver, après quelques années, un bénéfice immodéré et hors de proportion avec les risques courus ; des actions s'élever de 500 francs à 30.000 francs, tandis que parallèlement le salaire des ingénieurs et des ouvriers sera resté sensiblement le même.

Il y a un abîme entre cette rémunération excessive du capital et l'absence de toute rémunération qui n'est pas plus légitime.

M. le sénateur de Gavardie répétait en 1885, après Aristote, que l'argent ne produit pas de fruits. L'eau non plus, pourrait on lui répondre, et cependant n'est-elle pas indispensable à la production des fruits ?

Et Turgot combat puissamment ces fausses idées des scolastiques sur la prétendue stérilité de l'argent : « Ils sont partis, dit-il, d'un raisonnement qu'on dit être dans Aristote, et, sous prétexte que l'argent ne produit pas d'argent, ils en ont conclu qu'il n'était pas permis d'en retirer par la voie du prêt. »

Enfin, s'il restait, au sujet de la légitimité de cette rémunération, quelque hésitation dans l'esprit, il suffirait pour la faire disparaître de lire le chapitre x du livre I du Traité d'économie politique de J.-B. Say (1), sur la transformation que subissent les capitaux dans le cours de la production.

Mais nous n'en sommes plus là, et non seulement cette légitimité est admise maintenant par les meilleurs esprits, mais aussi la liberté de régler le prix du loyer de l'argent selon les conditions du marché financier, selon les risques, etc.

---

(1) *Traité d'Économie politique*, par J.-B. Say. — Paris, 1814.

Ce qu'on cherche à empêcher c'est la fraude, ce sont les manœuvres qui accompagnent les opérations de prêt et qui en font, au préjudice des emprunteurs, de véritables actes de spoliation.

III

Ces idées de liberté des transactions, en matière de prêts d'argent, ont fait, d'ailleurs, de sérieux progrès en ces dernières années. On en trouve la preuve en étudiant les rapports et les discussions auxquels a donné lieu la proposition de loi déposée par M. Truelle en 1876, et enfin votée par la Chambre et le Sénat en 1885.

En se reportant à cette brillante discussion, en lisant ces rapports érudits, on est surpris de voir que la réforme sollicitée par M. Truelle n'ait été que partiellement concédée, c'est-à-dire que la liberté du taux de l'intérêt ait été reconnue utile par nos législateurs en matière commerciale et dangereuse en matière civile.

La France, pays de liberté par excellence et de progrès, reste donc encore à cet égard, avec quelques États de l'Amérique du Nord, dans une situation d'infériorité vis-à-vis de toutes les autres nations civilisées.

En autorisant la liberté du taux de l'intérêt en matière commerciale, sans laisser la même latitude aux prêts civils, le législateur ne paraît pas avoir suffisamment tenu compte des difficultés d'application et des conséquences.

Il faudrait d'abord, pour appliquer cette loi, que l'opération commerciale fût assez distincte de l'opération civile pour ne pas embarrasser les légistes les plus experts.

La matière est si délicate, que les partisans de la liberté absolue ont pu, dans une certaine mesure, se considérer comme satisfaits du vote de la loi de 1886, bien que les effets en fussent limités aux conventions commerciales. Néanmoins le Sénat s'est montré, en la circonstance, plus progressiste que la Chambre des députés.

On peut lire dans les lignes suivantes du rapporteur, M. le sénateur Labiche, le regret que la Chambre n'ait pas cru devoir adopter la réforme de M. Truelle dans son ensemble :

« Plusieurs de ses membres, notamment son rapporteur, auraient désiré que la Chambre des députés eût donné une plus complète satisfaction aux vœux de la plupart des Chambres de commerce et de la plupart des déposants de la grande enquête de 1861, c'est-à-dire que la liberté des conventions fût admise aussi bien pour les prêts civils que pour les prêts commerciaux. »

Au Sénat, la lutte fut ardente, mais les partisans de la liberté complète, MM. Léon Say, Labiche, Tenaille-Saligny durent borner leurs efforts à faire voter la loi telle que la Chambre des députés l'avait approuvée. On évitait ainsi un ajournement que pouvait faire redouter l'active controverse entreprise par des sénateurs ayant sur l'Assemblée une action considérable, tels que MM. Bozérian, Marcel Barthe, et, à un degré moindre, M. de Gavardie.

Nous laisserons de côté cette controverse pour n'examiner que les points qui rentrent dans notre sujet, c'est-à-dire les inconvénients qui sont résultés de la limitation légale du taux de l'intérêt en matière civile.

Cette limitation de la liberté aux opérations dites commerciales a-t-elle eu des résultats heureux ? N'a-t-elle pas maintenu les graves inconvénients de l'état de choses antérieur ? Ne les a-t-elle pas au contraire aggravés ?

Le but de l'auteur de la proposition et des membres du Parlement, partisans de la liberté complète, était double : rassurer les capitalistes qui fermaient leurs caisses par crainte de la police correctionnelle et qui ne voulaient faire aucune opération extra-légale ; ne pas créer un privilège au profit des banques et des banquiers. Ce double but a-t-il été atteint ? Nous nous permettons d'en douter.

Nous allons tenter de démontrer l'insuffisance de la réforme de la législation de 1807 et de 1850 et de prouver que les demi-mesures sont toujours mauvaises en matière de liberté.

IV

Sous l'empire des lois de 1807 et de 1850, l'intérêt légal était fixé à 5 0/0 en matière civile et à 6 0/0 en matière commerciale. Sous l'empire de la loi nouvelle, l'intérêt légal reste fixé à 5 0/0 en matière civile et n'est plus limité en matière commerciale.

D'où la nécessité plus impérieuse aujourd'hui pour le prêteur que dans le passé, en raison de l'écart illimité entre les deux taux d'intérêt, de rechercher avec plus de soin si l'opération d'emprunt est une opération civile ou une opération commerciale.

Or, bien que M. Laroze, dont l'intervention néfaste a fait rejeter le projet accordant la liberté en toute matière, ait prétendu que cette distinction soit très facile à établir, nous soutenons au contraire qu'il n'est peut-être pas de question sur laquelle la jurisprudence soit plus incertaine.

« On nous dit, déclarait M. Laroze : à quel signe allez-vous reconnaître une affaire commerciale et la distinguer d'une affaire civile ? Et l'honorable M. Truelle paraissait vous représenter comme un monstre effroyable cette nécessité de distinguer entre les prêts commerciaux et les prêts civils. Eh bien ! je lui répondrai avec la pratique du Palais, — qu'il me permette cette expression, — que cette distinction s'opère tous les jours et qu'elle s'opère très facilement. Il y a non seulement des textes de loi qui font connaître ce qu'on entend par le mot de « commerçant » et par celui d' « acte de commerce », mais il y a encore aujourd'hui une formidable jurisprudence qui guide le magistrat dans la distinction dont il s'agit... — « Et au besoin l'égare, interrompt spirituellement M. Andrieux, rapporteur. »

Cette opinion de M. Laroze, qui a en partie entraîné le vote de son amendement interdisant la liberté en matière civile, est loin d'être d'accord avec celle de ses contradicteurs et surtout avec les faits.

M. F. Passy s'écriait : « Je mets M. Laroze au défi, malgré

sa haute compétence, d'établir nettement la distinction entre le prêt civil et le prêt commercial. »

M. Jozon déclarait : « Nous n'avons pas cru devoir définir ce qu'on entend par prêt civil ou par prêt commercial. La définition serait trop difficile. Elle exigerait de longues explications et resterait malgré tout incomplète. »

A M. Labiche qui lui demandait : « Qu'est-ce qu'un acte de commerce ? » ce même député répondait : « On n'a jamais pu le savoir. » (1).

V

Ces incertitudes des législateurs et cette formidable jurisprudence qui trouble les plus experts et dont nous allons donner un aperçu sont-elles de nature à rassurer les prêteurs, ainsi qu'on se l'était proposé?

Dans un grand nombre de cas, l'hésitation est telle que le prêteur honnête préférera s'abstenir de prêter plutôt que de s'exposer à commettre un délit.

Le législateur a été dans l'impossibilité de fixer d'une manière philosophique le critérium permettant de reconnaître la nature civile ou commerciale d'un prêt. Or avant de limiter le taux en matière civile et de laisser toute liberté au prêt commercial, il eût été utile de démontrer l'existence de deux prêts rationnellement distincts. Cette impossibilité a engendré les distinctions arbitraires de la jurisprudence et l'inquiétude chez les prêteurs.

La question de savoir si un prêt est civil ou commercial a fait naître les discussions les plus vives, les systèmes les plus opposés. En réalité les indécisions des commentateurs et de la jurisprudence proviennent uniquement de l'erreur de principe qui a été commise par le législateur lui-même.

Premier système. — On a d'abord cherché la solution du pro-

(1). Voir *Journal Officiel*. Années 1879-1882-1885.

blème dans l'examen de la qualité des parties. Mais les partisans de cette doctrine, d'accord sur le principe même, se sont divisés quand il s'est agi de l'application.

Les uns ont dit qu'il n'y avait qu'à s'occuper de la qualité du prêteur : s'il n'est pas commerçant, le prêt sera civil ; il sera commercial dans le cas contraire. Peu importe d'ailleurs que l'emprunteur soit lui-même commerçant ou non-commerçant.

Cette opinion n'a pas prévalu, et, selon nous, avec raison.

Première branche de la réfutation. — En vertu de quelle loi, le prêteur non-commerçant ne pourrait-il pas exiger un intérêt supérieur à 5 0/0, quand le prêt est fait pour les besoins du commerce de l'emprunteur ? Serait-ce parce que, de la part de ce prêteur, le prêt constitue un acte purement civil ? Cet argument n'est pas concluant. Aussi voyons-nous cette thèse nettement condamnée par plusieurs décisions de nos tribunaux judiciaires et administratifs. Par exemple, à la date du 4 juillet 1857 (Sirey 1858-2-553) la Cour de Besançon a décidé qu'un non-commerçant qui fait un prêt à un commerçant peut stipuler le taux de l'intérêt en matière commerciale, sans pour cela se rendre coupable du délit d'usure.

La Cour de Bourges dans les considérants d'un arrêt du 27 janvier 1857 (affaire Ramond C. syndic Lyonnet, Sirey 1858-2-695) a condensé d'une façon remarquable les raisons de décider ainsi. Il nous paraît intéressant de citer textuellement le passage suivant :

La Cour,

« Considérant en droit que la loi du 3 septembre 1807 sur le taux de l'intérêt de l'argent, loi de pur droit arbitraire et restrictive de la liberté des conventions, doit s'entendre dans le sens le plus large et s'interpréter, en cas de doute, en faveur du stipulant ;

» Que ladite loi, sans s'expliquer sur le caractère des personnes, dispose en termes généraux que l'intérêt ne pourra excéder 5 0/0 en matière civile et 6 0/0 en matière commerciale ;

» Que si l'on recherche les motifs de cette différence dans le taux de l'intérêt de l'argent, on doit reconnaître que le législateur a considéré d'une part que les bénéfices ordinaires du commerce permettaient plus facilement au commerçant de supporter un taux plus élevé que ne le permettaient au simple propriétaire les revenus de la propriété et, d'autre part, qu'il est juste de faire jouir d'un plus grand avantage celui qui court plus de risques, c'est-à-dire celui dont les capitaux sont exposés aux chances des entreprises commerciales ;

» Considérant qu'il ne résulte ni des termes, ni de l'esprit de la loi précitée, l'interdiction absolue pour le prêteur non-commerçant de recevoir un intérêt excédant 5 0/0 ; qu'il en résulte au contraire qu'il peut valablement stipuler en sa faveur un intérêt de 6 0/0, lorsque la matière est commerciale ;

» Considérant que pour déterminer le caractère de la matière, c'est plus particulièrement à l'objet auquel doivent être employées les sommes prêtées qu'il faut s'attacher et qu'il suffit qu'elles soient ou doivent être appliquées à des spéculations ou entreprises commerciales pour que la matière soit réputée commerciale ;

» Considérant que, lorsqu'un commerçant emprunte des sommes d'argent, il est toujours censé le faire pour les besoins de son commerce, à moins qu'il n'y ait preuve du contraire ;

» Qu'il suit de là que les prêts d'argent qui lui sont faits, même par des non-commerçants, sont des prêts en matière de commerce et qu'il est licite par conséquent aux prêteurs, qu'ils soient commerçants ou qu'ils ne le soient pas, de stipuler un intérêt de 6 0/0 qui est le taux légal du commerce... »

Le même arrêt émet enfin quelques idées générales qui cadrent trop parfaitement avec notre opinion pour que nous ne les rapportions pas ici.

« Considérant, en thèse générale, que s'il est juste et sage, pour réprimer l'usure, de la poursuivre dans ses manœuvres et dans ses déguisements, encore importe-t-il de ne pas comprimer, par delà la mesure, l'essor des capitaux qui ne craignent pas de s'engager dans les industries licites et les vivifient de leur concours plus ou moins direct ;

» Qu'une excessive méfiance, une interprétation trop rigoureuse en tout ce qui tient au lucre tiré de l'argent aurait le danger d'enhardir les infracteurs, ne fût-ce qu'en atténuant l'odieux qui s'attache à l'usure proprement dite et dûment caractérisée... »

L'on peut voir encore, sur ce point particulier, un arrêt de Liège rendu le 24 novembre 1823 (Sirey, coll. nouv., 7-2-269), un arrêt de la Chambre des requêtes de la Cour de Cassation, en date du 10 mai 1837 (Sirey, 1837-1-1008. Affaire municipalité de Saint-Pierre-Martinique), et un passage de Troplong *(Traité du prêt,* n° 362).

Deuxième branche de la réfutation. — En sens inverse, faut-il dire que le prêt sera commercial quand le prêteur aura la qualité de commerçant?

Troplong pose en principe qu'un négociant retirant des fonds de son commerce pour les prêter même à un non-négociant est censé faire une opération de commerce.

Dans le même ordre d'idées, MM. Aubry et Rau écrivent : « On doit en général considérer, comme faits en matière de commerce, les prêts rentrant dans les opérations habituelles d'un négociant, d'un banquier, par exemple ; peu importe qu'ils aient été faits à un commerçant ou à un non-commerçant et pour un but non commercial. » (T. IV, § 396, p. 605. Toullier VII, p. 444.)

Cette opinion a été également admise par la Cour de Bourges (Arrêt du 14 février 1854. Sirey, 54-2-531), par la Cour de Cassation (Arrêt du 11 mars 1856, rejetant le pourvoi formé contre l'arrêt précité de la Cour de Bourges. Sirey, 56-1-729), par un arrêt de rejet de la Chambre criminelle de la Cour de Cassation du 27 février 1864 (Sirey, 64-1-341). Dans le même sens, un arrêt de la Chambre civile de la Cour de Cassation, rendu le 29 avril 1868 (Sirey, 68-1-281), porte que le prêt fait par un banquier, avec les fonds qui servent d'aliment à son industrie, est réputé commercial, bien qu'il ait été fait à un non-commerçant et pour une cause non commerciale. Enfin, la Cour de Bordeaux s'exprime identiquement dans un arrêt du 27 avril 1869 (Sirey, 70-2-23).

Mais cette théorie n'a pas été unanimement acceptée et nous trouvons dans plusieurs jugements et chez divers auteurs des décisions absolument contraires.

Ainsi, la Chambre correctionnelle de la même Cour de Bourges a rendu le 3 mars 1854, c'est-à-dire à moins d'un mois d'intervalle de l'arrêt précité du 14 février 1854, émanant de sa Chambre civile, une décision conçue en ces termes : « Pour qu'un prêteur puisse stipuler le taux légal de l'intérêt en matière commerciale, il ne suffit pas qu'il soit commerçant, l'emprunteur ne l'étant pas, une telle stipulation en un pareil cas serait usuraire (Sirey, 54-2-531. — Dalloz, 55-2-271).

La Chambre civile de la Cour de Bourges, dans l'arrêt du 27 janvier 1857 (Sirey, 58-2-695). — Affaire Humbert contre Passerat), dispose encore que les avances de sommes faites par un banquier à un propriétaire ou à un huissier, pour être employées aux besoins de sa maison ou de sa profession, constituent de simples prêts civils. Partant de ce principe, l'arrêt dont s'agit permet à l'emprunteur de répéter toutes sommes perçues par le prêteur, soit à titre d'intérêt au delà du taux de 5 0/0, soit à titre d'agio, de change ou de commission.

Citons, en terminant, un autre arrêt de la Cour de Cassation du 5 janvier 1859 (Sirey, 59-1-220. — Dalloz, 59-1-34), d'après lequel un prêt fait par un commerçant à un non-commerçant peut être considéré comme purement civil lorsque, par exemple, l'emprunteur est un propriétaire cultivateur contractant pour les besoins de son commerce. Un arrêt de la Cour de Paris du 2 février 1861 (Sirey, 62-2-256. — Dalloz, 61-5-520) statue dans le même esprit.

Il sera encore utile de consulter sur ce point délicat Molinier. *Droit commercial.* (T. I, p. 91, à la note.)

Marcadé formule ainsi son opinion : « Quand on dit que le commerçant qui prête ses fonds aurait pu retirer 6 0/0 de son argent en l'employant dans son commerce, on ne prend pas garde que là est la condamnation du système ; car, précisément, le commerçant qui retire l'argent de son commerce, le soustrait aux risques commerciaux en l'employant à un prêt civil, et l'on ne voit plus alors à quel titre il pourrait percevoir un intérêt plus élevé, quand les risques qu'il court sont absolument égaux à ceux que courent tous les autres prêteurs. » (T. VII, p. 130-VIII, sur l'article 1907.)

Donc, ce n'est pas à la qualité exclusive du prêteur qu'il faut se référer pour déterminer le caractère du prêt.

Serait-ce alors à la qualité de l'emprunteur? Le prêt sera-t-il réputé en matière de commerce si l'emprunteur est commerçant, en matière civile dans le cas contraire?

1° La qualité de commerçant de l'emprunteur est prise par quelques-uns, comme la pierre de touche servant à distinguer le prêt civil du prêt commercial. Le 20 novembre 1857 (Sirey, 58-2-699), la Cour de Lyon a jugé que la somme prêtée par un non-commerçant à un commerçant était productive de l'intérêt commercial « parce que, pour la fixation du taux de l'intérêt, c'est la qualité de l'emprunteur qu'il faut considérer et non pas celle du prêteur ».

Ce critérium n'est-il pas bien fragile? S'impose-t-il à la raison d'une façon indiscutable? Nous sommes obligé de répondre négativement, lorsque nous lisons les décisions rendues en sens contraire, et, notamment, un arrêt de la Cour de Besançon du 15 décembre 1855 (Sirey, 56-2-504). Cette Cour affirme que le non-commerçant qui fait un prêt à un commerçant ne peut stipuler le taux de l'intérêt en matière commerciale, et qu'une pareille convention serait usuraire, « le prêt n'étant pas de sa nature un acte de commerce ».

2° Réciproquement, la qualité de non-commerçant de l'emprunteur ne doit pas imprimer nécessairement au prêt un caractère civil.

La Cour de Bourges a bien émis une opinion contraire le 3 mars 1854 (Sirey, 54-3-234), mais l'avis opposé a prévalu dans trois arrêts : l'un de la Cour de Cassation, 18 février 1836 (Sirey, 1836-1-940) ; l'autre de la Cour de Bordeaux, 17 janvier 1839. Affaire de Pommiers contre Fontemois (Sirey, 45-1-644), et le troisième de la Cour de Cassation, 7 mai 1845 (Sirey, 45-1-644. — Dalloz, 45-1-305). Il ressort de ces décisions, rendues dans une espèce semblable, que les intérêts des avances faites par un mandataire doivent être alloués à raison de 6 0/0, bien que le mandant ne soit pas négociant, si le mandat avait néanmoins un caractère commercial.

Un arrêt du Conseil d'État du 6 février 1831 (Sirey. 1831-2-349), et un arrêt de la Cour de Cassation du 10 mai 1837 (Sirey.

37-1-1008) peuvent être encore invoqués dans le même sens.

Que conclure de toutes ces contradictions? C'est que la qualité des parties est loin de fournir un moyen efficace pour reconnaître la nature d'un prêt et que, tout au plus, elle servira de simple présomption. Telle est la constatation à laquelle aboutit Marcadé. « La qualité des parties, dit-il, aura cette seule portée qu'il en pourra résulter une présomption en ce sens que, sauf preuve contraire, l'opération sera présumée commerciale, si l'emprunteur est négociant, et que, dans le cas contraire, elle ne sera pas présumée comme telle ».

Deuxième système. — MM. Aubry et Rau dont nous venons de citer et de combattre l'opinion, à propos de l'exposé du premier système, apportent une restriction à la doctrine basant le critérium de la distinction entre le prêt civil et le prêt commercial sur l'unique connaissance de la qualité des parties.

En réalité, cette restriction constitue un nouveau système qu'ils exposent en ces termes: « Il en serait cependant autrement, s'il était établi par la forme de l'acte d'obligation, par la nature des garanties fournies, ou par d'autres circonstances, que le prêteur a distrait de son commerce les fonds prêtés, pour leur donner une destination purement civile ».

Ce second système, qui n'est au fond qu'une variante du premier, n'est pas plus acceptable que lui.

A notre avis, ce n'est tout au plus qu'une indication, une simple présomption qui puisse résulter de la forme de l'acte ou de la nature des garanties fournies. Les arrêts cités par les savants auteurs ne nous paraissent pas signifier autre chose. (Montpellier, 13 août 1853, Sirey, 53-2-469. — Bourges, 3 mars 1854. Sirey, 54-2-234. — Cassation civile rejet, 5 janvier 1859. Sirey, 59-1-220. Limoges, 25 juillet 1865. Sirey, 65-2-284.)

Voyons d'abord l'arrêt de Montpellier du 13 août 1853. Il est, suivant l'expression de l'arrêtiste, remarquable « par le point de vue élevé de ses motifs, qui forment de l'ensemble des questions qu'il résout une théorie complète sur la matière si délicate de l'usure dans les opérations de banque ou de commerce ».

Or, que dit cet arrêt?

A. — En ce qui concerne la forme de l'acte, il se contente d'exprimer avec énergie que les tribunaux « ont le pouvoir de dépouiller une opération prétendue commerciale de ses formes apparentes, et de décider que, sous le voile d'une opération d'escompte ou de change, c'est en réalité un prêt civil usuraire qui a été consommé ». Et, développant sa pensée, la Cour de Montpellier établit que tout prêt constaté par un contrat civil n'est point par cela seul un prêt civil, de même que tout prêt, revêtu des formes commerciales, ne constitue pas essentiellement un prêt de nature commerciale. Incidemment elle montre que les avances faites à un commerçant ne sont pas nécessairement réputées avoir lieu pour son commerce et que « le négociant, en entrant dans la vie commerciale, n'abdique pas sa personne civile ».

B. — En ce qui concerne les garanties, abordant la nature des garanties fournies au prêteur commerçant, la Cour ajoute que l'adage *plus valet pecunia mercatoris quam pecunia non mercatoris*, justifie la perception de l'intérêt commercial dans le cas seulement où les fonds du négociant restent dans le commerce : « Mais il n'en est point ainsi, lorsque le banquier, préférant les garanties civiles et les sûretés hypothécaires aux chances aléatoires du commerce, a distrait une partie des fonds de son négoce pour les affecter à une destination purement civile. »

Mais la Cour reconnaît que la forme donnée au titre et la nature des garanties stipulées ne sont pas suffisantes pour déterminer « d'une manière absolue le caractère de l'opération ». Ce qui en résulte, c'est simplement « une présomption puissante et décisive, si elle n'est combattue par une preuve ou des présomptions contraires ».

Donc, et c'est cette particularité qu'il importe de signaler, l'arrêt dont s'agit vient affirmer que la qualité des parties ne constitue pas un critérium suffisant. C'est la réfutation même du système que nous exposons.

C. — En ce qui concerne les autres circonstances, l'arrêt de rejet du 5 janvier 1859 dit en substance : un prêt par un com-

merçant à un non-commerçant peut être considéré comme purement civil, alors que l'emprunteur est un propriétaire cultivateur
qui a emprunté uniquement pour les besoins de ses propriétés,
et que le prêt a été constaté par un acte notarié contenant affectation hypothécaire.

Sans doute, il y a bien là différentes circonstances qui enlèvent à ce prêt tout caractère commercial, mais le motif déterminant dans l'esprit de la Cour a été que l'emprunt avait une
destination purement civile. La rédaction d'un acte notarié et
l'affectation hypothécaire consentie ne constituaient donc que
des faits accessoires venant se grouper autour d'un fait plus
important et contribuant à le caractériser.

S'il était nécessaire, nous pourrions invoquer en notre faveur
l'arrêt que la Cour de Limoges a rendu le 25 juillet 1865. Il
ressort de cette décision que le prêt par un banquier à un non-
commerçant pour une opération non commerciale ne donne lieu
qu'à l'intérêt civil, quelle que soit la forme de l'acte, quels que
soient ses déguisements. C'est une condamnation implicite du
système qui fait dépendre le caractère du prêt de la qualité du
prêteur et, en même temps, c'est une affirmation de la doctrine
qui s'appuie pour reconnaître le caractère d'un prêt, à la fois
sur la qualité de l'emprunteur et sur la destination de la somme
prêtée.

Troisième système. — Reste un troisième système qui résulte,
pour ainsi dire, de la réfutation des deux autres. Il s'énonce
ainsi : le prêt est commercial ou civil, selon que les fonds empruntés sont destinés à une opération commerciale ou civile.
Cette doctrine a été adoptée par un grand nombre de Cours et
tribunaux et plusieurs jurisconsultes se sont attachés à la faire
prévaloir.

Qu'il nous suffise de rappeler les décisions judiciaires citées
au cours de la présente étude, et dans lesquelles est affirmé ce
troisième système :

Conseil d'État,	6 février 1831.	Sirey	1831-2-349
Cassation requêtes,	10 mai 1837.	—	37-1-1008
Bordeaux,	17 janvier 1839,	—	45-1-644

Cassation,	7 mai 1845.	—	45-1-644
Bourges,	27 janvier 1857.	—	58-2-695
Cassation,	21 avril 1852.	—	52-1-311
Cassation,	5 janvier 1859.	—	59-1-220
Limoges,	25 juillet 1865.	—	65-2-284

Voir également Marcadé et Pont : Petits contrats n° 277.

Il nous est impossible de dissimuler combien ce critérium, qui paraît en théorie si simple, est d'une application difficile dans les affaires. Au fond, est-il toujours avéré qu'un acte présente un caractère civil plutôt qu'un caractère de commerce? D'autre part, comment s'assurer que la somme empruntée aura en fait une destination civile ou commerciale? Tiendra-t-on compte pour cela de la déclaration des parties ou s'attachera-t-on exclusivement à la nature de l'opération réelle? Voilà autant de questions qui se présentent à notre esprit et auxquelles il sera répondu dans le cours de cette étude.

On peut encore se faire une idée exacte de la difficulté d'application que rencontrent les magistrats pour distinguer la matière commerciale, en consultant les nombreux recueils de jurisprudence. Le très remarquable *Répertoire général alphabétique de Droit français* (1), publié par MM. Adrien Carpentier et Fréréjouan du Saint, ne contient pas moins de 1886 numéros sur l'acte de commerce, qui visent bien souvent des décisions contradictoires.

VI

Cette difficulté de définir l'acte de commerce et même le commerçant a encore provoqué de vives controverses lors du vote de la loi du 23 mai 1863, modifiant le titre VI, art. 91 et suivants du Code de commerce.

---

(1) Répertoire général alphabétique de Droit français publié sous la direction de M. Ed. Fuzier-Herman, par MM. A. Carpentier et G. Frèrejouan du Saint.

Ce titre VI est le seul qui s'occupe implicitement du prêt sur gage commercial. C'est la seule disposition, relative à ce genre de transaction, que contienne le Code de commerce.

L'article 2084 du Code civil porte : « Les dispositions ci-dessus ne sont pas applicables aux matières de commerce, à l'égard desquelles on suit les lois et règlements qui les concernent. » Et le tribun Gary disait pour justifier cette exception : « Le commerce est lié à des vues supérieures de politique et d'administration; il se régit par des lois qui lui sont propres. »

C'était là une sorte d'engagement de régler, d'une manière spéciale, le gage commercial, mais le Code de commerce s'est borné à réglementer par les articles 93, 94 et 95 le privilège du commissionnaire sur la valeur des marchandises à lui consignées ou déposées en garantie d'avances.

En 1863, intervient enfin une loi réglant la constitution du gage en matière de commerce. Le projet de loi présenté par le Gouvernement était moins hardi que celui adopté par la Chambre, sur la proposition de la Commission. Le gouvernement ne voulait accorder les bénéfices de la loi nouvelle « qu'aux commerçants qui constitueraient un gage », quelle que fût la qualité du créancier gagiste; mais cette limitation a paru présenter des inconvénients d'autant plus sérieux qu'elle devait soulever dans la pratique des questions qui ne sont pas toujours d'une solution facile.

La Commission s'appuyait sur cette considération principale : « que le Code de commerce a bien, à la vérité, défini dans son article premier ce que c'est qu'un commerçant, mais que cette définition, comme beaucoup d'autres, reste elle-même livrée à une controverse qui ne manquerait pas de trouver un aliment nouveau dans l'intérêt qu'auraient les tiers à contester le privilège du créancier gagiste. »

Le 4 mai 1863, au cours de la discussion parlementaire, de très vives critiques se firent entendre : « Ce qui m'alarme, dans le projet en discussion, disait M. Jules Favre, c'est qu'il n'est pas fait seulement au point de vue du commerçant, mais il peut s'appliquer aussi à une personne non-commerçante, quand elle se sera, il est vrai, livrée à un acte de commerce. Je crois que cette extension de la loi aux actes de commerce irrégulièrement faits par une personne non-commerçante ne servira qu'à couvrir des fraudes. »

Et le rapporteur M. Vernier, reprenant les raisons qui avaient déterminé la Commission, s'écriait : « Qu'est-ce qu'un commerçant ? Il est défini par le Code de commerce : celui qui se livre à des actes de commerce, qui en fait habituellement sa profession. Mais comment se constituera l'habitude ? Faudra-t-il seulement deux actes de commerce ? En faudra-t-il trois, quatre, cinq ? Il y a à cet égard de telles incertitudes dans la jurisprudence qu'on est presque encore à se demander ce que c'est qu'un commerçant. »

A une autre question de M. Jules Favre qui s'enquérait comment le prêteur saurait que les fonds qu'il prête sont bien réellement destinés à un acte de commerce, le rapporteur répondait que le prêteur devrait s'en assurer en faisant faire une lettre, par exemple, qui établirait que la somme prêtée ne doit avoir d'emploi que dans une affaire commerciale.

M. Duvergier faisait alors observer que si, malgré toutes les précautions prises par le créancier gagiste, le débiteur parvenait encore à le tromper en consacrant à des affaires civiles l'argent emprunté, la constitution du gage n'en resterait pas moins valable. Il ne faut pas que la fraude d'un débiteur porte préjudice à son créancier.

Avec de tels textes et les interprétations qu'on vient de lire, la loi de 1886 sur la liberté du taux de l'intérêt de l'argent ne pourrait-elle s'appliquer à tous les emprunts ?

Il suffit en effet d'une lettre de l'emprunteur pour établir que les fonds sont destinés à un acte de commerce; or, une fausse déclaration de cet emprunteur ne peut être invoquée contre le prêteur, et le prêteur seul peut cependant être poursuivi pour habitude d'usure !

VII

Si nous examinons les résultats de la mise en vigueur de la loi de 1863, nous voyons que Jules Favre avait raison de craindre les fraudes; mais on reconnaîtra aussi que ces fraudes ne seraient pas évitées par la limitation du taux de l'intérêt, puisque aujourd'hui la liberté existe en matière de commerce ; qu'elles seraient bien plus sûrement atteintes par une législation s'occupant de punir les manœuvres qui accompagnent les prêts, si l'on croit sage d'intervenir pour protéger les emprunteurs contre leurs propres entraînements.

On lit dans un rapport du 8 juin 1875 dressé par un expert commis par justice, que, depuis la loi de 1863, un grand nombre de maisons de commission auprès des magasins généraux se sont fondées à Paris et perçoivent des droits et intérêts qui, dans l'ensemble, ressortent à un taux de 25 à 30 0/0, et que certaines de ces maisons calculent leurs perceptions sur l'estimation du gage.

Veut-on connaître la nature des opérations de ces maisons ? Nous relevons dans un dossier judiciaire que l'une d'elles acquittée en première instance par le Tribunal correctionnel de la Seine et condamnée en appel, en 1879, à 500 francs d'amende, a prêté pendant les années 1876 à 1879, à 209 personnes 16.774.476 francs.

Négligeons intentionnellement les perceptions usuraires, puisque nous sommes, en apparence, en matière de commerce et que le taux des intérêts, à notre avis, est un faux critérium de l'usure, et examinons les affaires en elles-mêmes.

La première de ces opérations est faite par le général comte d'A... qui a touché 44.600 francs sur le dépôt de lainages et de soieries ! Dans ce genre d'opérations, l'intérêt payé par l'emprunteur est une faible partie du sacrifice qui lui est imposé. Les lainages et soieries consignés sont facturés par le fournisseur à des prix fort élevés qu'expliquent et la crainte du non-payement des billets souscrits pour acquit de la facture et les risques de toutes sortes.

Ces marchandises engagées habituellement pour un trimestre sont d'ailleurs le plus souvent rachetées à l'expiration du terme et à vil prix par ledit fournisseur qui poursuivra cependant le payement intégral des billets souscrits en règlement de l'achat.

On relève dans cet état d'autres opérations analogues sur des vins, des charbons, et enfin une série nombreuse d'emprunts par des inconnus dissimulant évidemment des prêts faits à des pères ou à des fils de famille qui ont exigé l'incognito.

Cette opinion se trouve confirmée par ce fait que les opérations par inconnus ont généralement lieu au moyen de gages de même nature : vins de Champagne, huiles, bois ou charbons ; elles correspondent à des avances d'environ 700.000 francs.

En outre de ces inconnus, dix-neuf emprunteurs figurent sur l'état avec des indications insuffisantes pour qu'il ait été possible de contrôler les opérations ; vingt-cinq autres ne sont pas commerçants.

Qu'on n'oublie pas que tous ces prêts ont été faits à des taux s'élevant jusqu'à 20 et 23 0/0, sous l'empire de la loi de 1807. L'intérêt proprement dit figure bien à 6 0/0, mais les commissions, les frais divers d'enregistrement à l'entrée, à la sortie, etc., majorent rapidement les perceptions.

Les poursuites qui ont motivé l'arrêt cité plus haut avaient été suivies sur la plainte de commerçants qui reprochaient au prêteur son imprudence, à l'occasion d'opérations s'élevant à plusieurs millions avec le même emprunteur.

Le jugement et l'arrêt qui le réforme, de même que l'arrêt de cassation, sont produits en annexe de ce mémoire (1) et font d'ailleurs connaître les faits.

VIII

Ce genre d'opérations de prêts à des prodigues se pratique à Paris sous bien des formes que la loi pourrait atteindre sûrement, en laissant de côté la question d'intérêt pour n'examiner que les circonstances du prêt.

On citait dans un article du journal *Paris*, du 1er mars 1890, une série de faits qui, bien que présentés sous une forme humoristique, ne sont pas de fantaisie et sont journellement pratiqués à Paris.

« La loi défend l'usure, lisait-on, mais la loi n'est pas en

---

(1) Voir annexes nᵒˢ 1, 2, 3.

somme la personne intraitable que l'on suppose, il s'agit de savoir la prendre. Elle ne permet de prêter qu'à 6 0/0, mais elle ne défend pas de vendre des marchandises à qui veut acheter. Le prêteur se fait donc marchand. Il avance une petite somme liquide pour l'amorce ; le reste, il le livre en nature. M. Georges H... a reçu une carrière. Offrir des carrières aux jeunes gens de famille qui n'en ont pas, c'est presque un symbole. A l'un de mes amis on céda une mine dans l'Oural. Qu'en pourrai-je faire ? demanda mon ami. L'usurier avait le mot pour rire : « N'êtes-vous pas mineur ? » lui dit-il.

» On ne sait jamais ce que l'on aura quand on va chez l'usurier : ce n'est plus un prêt, c'est une tombola. Le malheureux prince de L...., devenu fou, au commencement du mois, contre de bons billets qu'il signa, eut des charretées de lard. Il troqua — avec quelle perte ! — son petit salé pour une locomotive. Nouvel embarras. C'était un spécimen des chemins de fer préhistoriques. Il chercha à s'en défaire par tous les moyens. Un marchand de ferrailles le débarrassa de cette locomotive pour quelques sous : c'est l'épilogue fatal.

» Mais cette locomotive existait-elle seulement ? Ce n'est pas nécessaire. Dans les annales de l'usure, on cite le fameux bateau de charbon amarré au quai du Louvre. Il a été de tous les marchés pendant cinquante ans. Ce bateau-fantôme, en Bretagne, était un bateau de plomb ; on le disait amarré dans les mers lointaines. Le fils prodigue était invité à l'aller chercher. Deux mois de voyage. Or, il était pressé d'argent, il transigeait tout de suite.

» Un usurier donnait des bouteilles de champagne : « C'est de l'eau, votre champagne ! » lui dit une de ses victimes. — « Qu'est-ce que cela peut vous faire, répondit l'autre, puisque c'est toujours moi qui vous le rachète. »

» Un adolescent reçut dix mille francs comptant et soixante mille francs en marchandises. Les marchandises étaient un lion et un ours. Il tarda à les négocier. Ces animaux, qui étaient à Hambourg, avaient un appétit féroce. Il apprit, au bout de huit jours, qu'ils avaient consommé à sa charge pour six cents francs de pitance. »

Ce sont là des opérations analogues à celles extraites plus haut d'un dossier judiciaire, notamment celles sur consignation de charbons et de champagne par des inconnus, et qui sont couramment effectuées dans les grands centres.

IX

Les juges ont quelquefois recherché, pour atteindre les usuriers, les circonstances des opérations. Ils ont prononcé des condamnations, alors même que les actes produits ne stipulaient pas des intérêts supérieurs aux intérêts légaux. L'usure a pu être recherchée dans les contrats d'antichrèse, dans les ventes de marchandises, enfin dans une série de cas relevés par M. Petit dans son *Traité de l'usure* (1) ; mais ce sont là des condamnations exceptionnelles qui ne résultent pas d'une application de la loi, ainsi que nous le désirerions. Les poursuites sont d'ailleurs assez rares.

Le rapport présenté à la Chambre des députés par l'honorable M. Jozon et celui de M. Labiche au Sénat contiennent en annexe un tableau des poursuites exercées, en matière d'usure, devant les tribunaux français de 1825 à 1884. *Voir ce tableau p. 32.*

Si les poursuites sont de plus en plus rares, doit-on en conclure que l'usure a diminué, que les usuriers ont désarmé ?

M. Laroze semble le croire lorsqu'il prétend que « l'usure a diminué par cela même que l'aisance a augmenté en France ». Il ajoute toutefois que « les usuriers ont l'habileté — que tout le monde comprend — pour échapper au délit d'habitude, d'empêcher qu'après un premier prêt on n'en constate un second». N'y a-t-il pas contradiction entre ces deux opinions de M. Laroze, et la seconde ne semble-t-elle pas bien plus vraisemblable ?

Pense-t-on que si la loi punissait plus sévèrement les prêteurs en raison des circonstances des opérations, l'habileté dont il est ici question n'aurait pas été facilement déjouée dans les cas

---

(1) *Traité de l'Usure*, par M. Petit, conseiller à la Cour de Douai. — Paris 1840.

cités plus haut en raison d'un nombre aussi important de prêts faits à des inconnus, par exemple, pour ne parler que de ceux-là (1) ?

POURSUITES EXERCÉES EN MATIÈRE D'USURE DEVANT LES TRIBUNAUX FRANÇAIS, DE 1825 A 1884

	NOMBRE DES		PRÉVENUS	
	AFFAIRES	PRÉVENUS	ACQUITTÉS	CONDAMNÉS
1825	461	510	(1)	(1)
1826 à 1830.	191	211	45	166
1831 à 1835.	44	49	10	39
1836 à 1840.	82	92	12	80
Nombres 1841 à 1845.	91	105	14	91
moyens 1846 à 1850.	90	102	18	84
annuels. 1851 à 1855.	179	202	30	172
1856 à 1860.	89	109	20	89
1861 à 1865.	40	56	12	44
1866 à 1870.	14	18	4	14
1871	4	5	»	5
1872	9	14	»	14
1873	16	19	1	18
1874	8	11	1	10
1875	16	18	1	17
1876	13	16	3	13
1877	9	11	1	10
1878	13	16	2	14
1879	12	13	»	13
1880	15	19	5	14
1881	21	38	4	34
1882	10	18	4	14
1883	16	26	1	25
1884	15	20	1	19

(1) Le renseignement manque.

(1) Voir aux annexes l'arrêt de la Cour de Paris du 8 mars 1883.

Que l'usure ait diminué de nos jours, nous en devons douter. Ne voit-on pas depuis plus de dix ans fonctionner dans Paris des maisons de banque qui obtiennent des capitaux en offrant de payer jusqu'à 120 et 180 0/0 l'an d'intérêts? Et lorsque ces escrocs s'enfuient, au lieu de poursuivre les clients de ces banquiers, ces clients prêteurs à usure au regard des lois de 1807 et de 1850, tout le monde au contraire s'apitoie sur leur sort.

Ne voit-on pas dans les rues de Paris d'innombrables boutiques, dont les locataires munis d'une patente de marchands de reconnaissances du Mont-de-piété, ce qui leur donne une estampille quasi officielle, prêtent à des malheureux, au taux de 120 0/0 l'an, des sommes d'argent amplement garanties par le dépôt des titres?

C'est bien le cas de répéter avec Turgot lorsqu'il rappelle le prêt à la petite semaine : « Si le ministère public est obligé de fermer les yeux sur une usure aussi forte, quelle sera donc l'usure qu'il pourra poursuivre sans injustice? »

X

Ces opérations d'avances sur reconnaissances du Mont-de-Piété sont intéressantes à étudier. Nous sommes bien là en matière civile et l'exagération du taux de la perception dépasse largement le taux légal. Toutefois, ce qui démontre péremptoirement que le taux d'intérêt ne devrait pas servir de critérium à l'usure, c'est que les calculs à des taux réputés élevés, comme ceux qu'on a souvent reprochés dans le passé au Mont-de-Piété, aboutissent souvent à des perceptions de 5 centimes ou 10 centimes.

L'Annuaire de statistique de la ville de Paris pour 1885 constate, par exemple, qu'au taux de 9 0/0, 308.736 engagements au Mont-de-Piété avaient coûté à chaque emprunteur 5 cent. d'intérêts; 91.684 avaient coûté 10 cent., etc..... Les mêmes constatations étaient mises sous les yeux des visiteurs de la section d'Économie sociale à l'Exposition de 1889. Aussi M. Claudio Jannet avait-il raison de dire dans une étude publiée en 1885 sur « le Crédit populaire et les banques en Italie », dans le *Correspondant* que « les prêts faits pour de petites sommes sont onéreux (au Mont-de-Piété) malgré l'élévation du taux de l'intérêt ».

Un membre du Parlement n'avait-il pas fait ressortir à la tribune, lors de la discussion de la loi sur les Monts-de-Piété, que la perception de 5 cent. sur un prêt de 3 francs pendant un jour, représentait un intérêt calculé au taux de 600 0/0 ! Et ces perceptions de 5 cent. sont usuraires au sens étroit et strict de la législation actuelle; n'est-ce pas la condamnation du système ?

Combien il serait plus logique et plus facile d'atteindre ces prêteurs sur reconnaissances, en ne considérant pas seulement le taux usuraire de leurs perceptions, mais aussi les circonstances de leurs opérations qui sont bien autrement dommageables à leur clientèle.

Au début, vers 1875, les agissements de ces maisons étaient quelquefois poursuivis par le Parquet; on verra aux annexes différents jugements et arrêts qui ont prononcé des condamnations à de légères amendes et à un emprisonnement (1). Mais aujourd'hui la tolérance paraît être la règle adoptée. L'usure s'étale bien là pourtant dans toute sa laideur et les manœuvres de ces prêteurs ont un résultat absolument déplorable pour leurs malheureux clients.

Voici ce qu'écrivait M. André Cochut, dans le préambule du compte administratif du Mont-de-Piété — exercice 1880 — sur cette question : « En première ligne, nous devons insister sur l'extension que n'a cessé de prendre le trafic des reconnaissances. »

« Le mémoire joint au compte de 1879 faisait pressentir les événements qui se sont accomplis; on y lisait : « Nous sommes évidemment en présence d'un commerce en voie de se constituer largement. Les capitaux sans emploi et sans scrupules s'y engagent volontiers. Ces dangereux spéculateurs ont su, par des subtilités, se mettre d'accord avec la loi; ils évitent les poursuites

---

(1) Voir annexes n° 4, 5, 6, 7, 8, 9, 10.

en donnant à une exploitation usuraire l'apparence d'un commerce normal.... Le développement excessif de ce commerce n'est pas seulement un fléau pour les familles pauvres, il devient menaçant pour l'avenir du Mont-de-Piété.

» Ce n'est pas en notre temps seulement que l'abus s'est produit et que des procédés de répression ont été essayés. On pourrait même se demander si ce genre d'exploitation n'est pas un mal inhérent au principe et au fonctionnement du Mont-de-Piété. Au siècle dernier, dès les années d'origine, le Parlement était déjà obligé de sévir contre ce genre de trafic pratiqué moins effrontément, mais à peu près de la même façon qu'aujourd'hui. Les recrudescences de ce délit, les plaintes des victimes, les discussions à ce sujet au sein des Conseils d'administration, sont incessamment relatées dans nos archives. Mais autrefois ce métier malfaisant restait en quelque sorte le privilège d'une catégorie de capitalistes peu scrupuleux. Aujourd'hui, au contraire, il s'exerce ouvertement et avec une publicité provocante, soutenu par des bailleurs de fonds de toute condition.

» Si nous en croyons l'un des spéculateurs qui exploitent le plus largement cette spécialité, il n'y aurait pas à Paris, moins de six à sept cents agences, petites ou grandes, épiant les embarras du riche, la misère du pauvre, pour récolter les reconnaissances du Mont-de-Piété. La moitié des reconnaissances, soit environ 1.200.000 sur près de 2.500.000 émises dans l'année, passerait ainsi par les mains des brocanteurs; une partie de ces titres vendus à condition sont retirés par les déposants, après avoir payé mois par mois des intérêts usuraires, et, pour les titres non retirés, le marchand substitué à l'emprunteur primitif laisse vendre pour profiter du boni, ou dégage pour bénéficier de la plus-value des nantissements. Le Mont-de-Piété se trouve ainsi détourné de son but, puisque le secours accordé au malheureux pour lui faciliter la conservation de son gage, fournit un moyen pour l'en dépouiller.

» Le Parquet s'est ému des plaintes fréquentes qui parvenaient jusqu'à lui, et un certain nombre de ces prêteurs sur reconnaissances, parmi lesquels deux des plus entreprenants, furent poursuivis. L'un des deux fut condamné, le 4 janvier, à 10.000 francs d'amende, avec lui quatre autres, dont deux à 3.000 francs et deux à 2.000 francs chacun. Le 2 février suivant, intervenait un jugement confirmé depuis par la Chambre des appels correctionnels qui condamnait le capitaliste le plus fortement engagé dans ces tristes affaires à deux mois de prison et 5.000 francs d'amende, et plusieurs autres trafiquants à des amendes de 3.000, 2.000 et 1.000 francs (1).

» Ces condamnations auront-elles pour effet d'arrêter le développement de ce commerce usuraire? il ne faut pas trop y compter. Les bénéfices qu'on en peut retirer rendent les amendes plus faciles à supporter; de plus, il est à craindre que ces brocanteurs trouvent encore un moyen d'éluder la loi, de dissimuler leurs opérations et d'échapper ainsi aux peines qui pourraient les atteindre.

» Le Conseil de surveillance, tuteur naturel des clients du Mont-de-Piété, recherche en ce moment les moyens de réprimer ou tout au moins de restreindre ce brocantage qui aboutit à dépouiller les emprunteurs de leurs gages ou de leurs bonis. Une Commission est nommée à cet effet. La tâche est difficile : on y a échoué plus d'une fois. Peut-être la Commission sera-t-elle conduite à examiner si ces maisons de prêts sur reconnaissances n'ont pas en quelque sorte leur raison d'être dans certains abus, si elles ne répondent pas à des besoins que l'institution du Mont-de-Piété, dans sa pratique traditionnelle, n'a pas le pouvoir de satisfaire. »

L'imagination de certains prêteurs trouvait des procédés sans cesse différents pour échapper à la loi.

Certains d'entre eux ont ouvert jusqu'à cinq et six comptoirs dans Paris, sous le nom de leurs employés. Les reconnaissances n'étaient jamais rachetées dans la maison où elles avaient été vendues. Toutes ces combinaisons ont été facilement percées à jour par les magistrats qui ont exercé les poursuites; mais actuellement ces poursuites sont plus rarement suivies et seulement lorsque les plaintes sont nombreuses et vives.

---

(1) Voir annexes, n°° 9-10.

XI

Comment les agissements de ces prêteurs sont-ils dommageables aux emprunteurs, en dehors des perceptions excessives auxquelles les opérations donnent lieu, nous allons l'indiquer.

Les reconnaissances du Mont-de-Piété représentent en général d'assez faibles valeurs, puisque, d'après les comptes de cette Administration, le prêt moyen est de 20 à 22 francs par opération ; nous voyons également dans les mêmes documents que les 2.400.000 reconnaissances émises chaque année appartiennent à environ 240.000 ménages dont se compose la clientèle de l'établissement. Un emprunteur possède donc environ dix reconnaissances, et, s'il a mis le pied chez les prêteurs en question, il a toujours donné en gage la totalité de ses titres soit à diverses reprises, soit en un seul dépôt.

Mais cet engagement de toutes ses reconnaissances — s'il offre une garantie au prêteur — est loin d'être sans inconvénients graves pour l'emprunteur. En effet, toutes les opérations faites au Mont-de-Piété ne sont pas de même date, et les renouvellements, destinés à empêcher la vente du gage, doivent s'effectuer aux époques successives correspondant aux engagements.

Si l'emprunteur possédait ses reconnaissances, il lui serait aisé, à chacune de ces époques, de renouveler les titres échus, en versant uniquement le montant des droits dus au Mont-de-Piété ; mais s'il s'est dessaisi de ses titres en les donnant en garantie d'une avance supplémentaire, il devra, au préalable, rembourser la totalité de ladite avance grevée d'intérêts à 10 0/0 par mois avant de se présenter à l'Administration.

Le plus souvent l'emprunteur ne peut supporter ces charges et laisse vendre son gage. C'est ainsi que les empêchements mis à sa libération par les usuriers lui feront perdre, pour quelques francs, des objets souvent indispensables et pour le remplacement desquels il devra s'imposer les plus gros sacrifices.

Il s'adressera, par exemple, n'ayant plus ni avances, ni crédit, à ces maisons qui, moyennant le versement périodique d'acomptes, ouvrent les portes de certains magasins où les marchandises sont vendues à des prix majorés.

XII

Envisageant cette obligation d'acheter à crédit, M. F. Passy exposait ainsi la situation de l'ouvrier des campagnes et du paysan : « Cet ouvrier, dites-vous, a besoin absolument de 100 francs pour se procurer des outils, ce paysan a absolument besoin de 500 francs pour acheter une vache, et vous ne voulez pas qu'ils empruntent ces 100 ou ces 500 francs à 10 0/0 d'intérêt? Qu'arrive-t-il? C'est que le paysan achète sa vache, quand il peut, et l'ouvrier ses outils — il ne peut s'en passer — à crédit, et ce crédit il le paiera 30 et 40 0/0 au lieu de 10 0/0. »

Nous savons bien que M. Laroze trouvait préférable que l'agriculture n'empruntât pas. C'était déjà au siècle dernier l'opinion économique de M. de la Reynie qui la formulait ainsi : « Bien loin que le crédit soit avantageux au commerce, l'on soutient que, s'il était possible d'abolir le crédit, le commerce en irait mieux, parce qu'il n'y aurait que des marchands et négociants riches et accommodés qui le feraient. »

Les travailleurs des villes, dépossédés par les marchands de reconnaissances, n'ont pas une condition meilleure; ils sont aux prises avec les maisons de crédit qui opèrent ainsi : des receveurs se présentent chaque semaine ou chaque mois chez les abonnés pour encaisser les versements consentis et délivrent des bons représentant environ le double de la somme versée. Avec ces bons l'abonné peut acheter, dans les maisons qui lui sont désignées, les objets dont il a besoin ; les 50 0/0 déjà versés sur le prix équivalent assurément au prix intégral des marchandises achetées. Les versements qu'il effectuera à l'avenir, entre les mains des représentants de la maison d'abonnement, formeront pour la majeure part le bénéfice d'exploitation de l'industriel. Dans ces combinaisons, l'application de la loi actuelle sur l'usure est impossible, l'industriel accordant crédit sans exiger aucun intérêt, malgré ses risques.

Ne serait-il pas plus avantageux de se procurer des fonds à 10 et 15 0/0 pour acheter dans des conditions normales et se soustraire aux charges énormes et multiples imposées par l'intervention de cet intermédiaire : remise, majoration des prix, etc.?

Un seul magasin de nouveautés, à Paris, dans le quartier des halles, fait annuellement pour plus de 18 millions d'affaires avec la plus importante de ces maisons de crédit. La commission allouée par le magasin à la maison de crédit, — environ 16 0/0 — est la surcharge la moins lourde. Les employés sont libres de fixer, selon leur inspiration, et selon l'attitude de l'acheteur, les prix de vente au-dessus d'un minimum inscrit sur les marchandises.

Dans l'argot du métier, on nomme cette majoration possible « la surbine », et on cite certains employés fort habiles qui vont jusqu'à faire passer la même pièce d'étoffe, plusieurs fois, sous les yeux du client, en indiquant chaque fois un prix différent et majoré.

Toutefois les anciens abonnés reçoivent une carte spéciale, donnant droit à un rabais de 25 0/0 sur certains articles. La plus importante de ces maisons occupe plus de 400 employés. Les receveurs touchent 4 francs par jour, plus 50 centimes pour chaque abonnement nouveau et 2 0/0 sur les encaissements. La rémunération s'élève considérablement sur les encaissements difficiles.

A Versailles, un seul magasin fait pour environ 6.000.000 d'affaires avec les maisons de crédit.

. D'autres industriels traitent à des conditions un peu différentes.

Dans un prospectus on lit qu'une de ces maisons bonifie les paiements anticipés d'un intérêt de 7 0/0 ; ceux qui profitent de la faculté de payer par douzièmes, selon les offres du prospectus, subissent donc bien un intérêt de 7 0/0, en dehors de l'obligation d'acheter les marchandises chez le bailleur de fonds (1).

XIII

Qu'on ne dise pas qu'il n'y a pas similitude entre les deux opérations : qu'il y ait prêt d'argent ou crédit ouvert, la combi-

---

(1) Voir annexe 11.

naison aboutit toujours à une perception usuraire au préjudice de l'emprunteur acheteur. Au chapitre VIII de son *Traité des Banques et de la circulation* (1), M. Condy-Raguet, chargé d'affaire des États-Unis, s'exprime ainsi : « Quand le crédit se compose d'un capital livré sous forme d'argent, on l'appelle un « emprunt », et le prix qui est payé pour son usage s'appelle « intérêt ». Quand le crédit consiste dans un capital livré sous forme de marchandises, ou de valeurs autres que l'argent, on l'appelle une « vente »; le prix qui est payé pour son usage s'appelle « profit »... et même dans le cas où le capital se compose d'une somme d'argent, elle doit être échangée pour des marchandises, des matières brutes, des outils, des subsistances et des vêtements avant de pouvoir être employée productivement par l'emprunteur. »

M. Petit, conseiller à la Cour royale de Douai, dans son *Traité de l'usure* déjà cité, établit que « des ventes de marchandises peuvent être soumises à des investigations et constituer des faits d'usure ».

Sur cette matière, on trouve dans Dalloz, volume 1829, 1re partie, page 343, un arrêt de cassation qui nous semble une critique excellente de la loi de 1807 : « Attendu que la Cour royale (de Paris) a énuméré plusieurs faits de vente qu'elle a déclarés dissimuler des prêts usuraires ; qu'elle établit dans ses motifs que de l'instruction et des débats est résultée pour elle la preuve qu'Humber se livre habituellement à des prêts usuraires ; *qu'il est presque impossible, pour établir l'usure, de rapporter des actes qui stipuleraient des intérêts supérieurs aux intérêts légaux*, l'usurier dissimulant toujours ses manœuvres coupables;

» Attendu que l'usure, que la loi entend réprimer, est presque toujours une usure déguisée par des opérations que les juges, dans leur conscience, sont appelés à apprécier;

» Attendu que cette appréciation, dont les éléments se trouvent souvent dans les débats publics et dans l'instruction orale de la cause, ne peut être soumise à la Cour de Cassation; qu'ainsi

---

(1) *Traité des banques et de la circulation*, par Condy-Raguet. — Paris 1840.

dans l'état des faits, la Cour royale n'a violé aucune loi, rejette..... »

La loi qualifie d'usuraire tout intérêt excédant l'intérêt légal; or l'arrêt déclare judicieusement que « il est presque impossible, pour établir l'usure, de rapporter des actes qui stipuleraient des intérêts supérieurs aux intérêts légaux, l'usurier dissimulant toujours ses manœuvres coupables ». Et il définit en outre l'usure « que la loi entend réprimer et qui est presque toujours une usure déguisée par des opérations que les juges, dans leur conscience, sont appelés à apprécier ».

On ne voit pas, en conséquence, pourquoi la loi ne définirait pas expressément l'usure qu'elle entend réprimer, abstraction faite du taux de l'intérêt exigé, et ne rassurerait pas ainsi ceux qui prêtent, sans subterfuges, à un taux en rapport avec les risques inhérents aux contrats qu'ils souscrivent.

L'appréciation de l'usure se réduit toujours, en résumé, à une pure question de fait; elle ne peut exclusivement résulter du taux de l'intérêt réclamé.

XIV

Mais de pareilles condamnations sont rares et pendant que ces opérations se traitent en grand nombre au détriment des humbles, sans que la loi intervienne pour réprimer de tels abus, un particulier qui aurait prêté à 7 0/0 de l'argent pour faciliter à un tiers l'achat de meubles, de vêtements, s'exposerait à des poursuites correctionnelles; un capitaliste qui prêterait au-dessus de 5 0/0 les fonds pour constituer des cautionnements de comptables publics peut être poursuivi comme usurier et condamné à l'amende et à la prison.

Aussi qu'arrive-t-il? Les fonctionnaires les plus honorables éprouvent les plus grandes difficultés à emprunter pour la constitution d'un cautionnement et paient très cher, chez quelques banquiers spéciaux, l'argent à ce destiné. Les intermédiaires honnêtes, les notaires, les particuliers, redoutant la loi, emploient leurs fonds à d'autres hypothèques.

Cette question des cautionnements offre bien une preuve de l'injustice de la limitation du taux de l'intérêt. Tout le monde est d'accord pour reconnaître l'honnêteté des fonctionnaires de l'administration française; comment se peut-il faire alors que ces honorables agents éprouvent de si grandes difficultés ou soient obligés de subir les conditions exorbitantes de quelques bailleurs spéciaux pour se procurer leurs cautionnements? C'est que l'intérêt légal de 5 0/0 n'est pas assez rémunérateur pour payer et le loyer de l'argent et les risques de ce genre de placement.

Il est bien entendu que les quelques maisons qui consentent à faire ce genre de prêt se contentent en apparence des 5 0/0 légaux; mais qui connaîtra, à moins de les avoir subies, les conditions accessoires des contrats d'où ressort assurément, en dernière analyse, un taux supérieur à 10 0/0.

N'est-il pas cependant injuste d'accorder la même rémunération — ce que fait la loi — à un prêt sur première hypothèque, par exemple, et à un prêt fait en vue de la constitution d'un cautionnement ?

Le cautionnement est, en effet, grevé d'une première hypothèque par l'État ou l'établissement public qui l'exige; le bailleur n'arrive qu'en seconde ligne.

L'honorabilité et l'expérience du comptable sont assurément des garanties; mais le comptable, si honorable et si expérimenté qu'il soit, n'est-il pas exposé à subir les conséquences de faits de charges que sa prévoyance et sa vigilance n'ont pu éviter et qui compromettront les capitaux de son bailleur!

Et alors quoi de plus légitime que d'autoriser l'assurance de ce risque éventuel par une plus-value d'intérêt! Ne peut-on penser que si les capitaux fournis pour cette destination jouissaient légalement d'une rémunération supérieure à 5 0/0, bien des fonds honnêtes s'offriraient aux fonctionnaires comptables, à des prix beaucoup plus avantageux que ceux qu'ils payent aujourd'hui? La loi atteint-elle ainsi le but qu'elle s'est proposé par la limitation du taux de l'intérêt en matière civile? Il est permis de ne pas le croire.

Ce n'est pas cependant une quantité négligeable que ce capital des cautionnements déposés dans les caisses publiques; les banques et les particuliers trouveraient, dans des opérations de prêts ayant cette destination, un moyen de faire honnêtement et prudemment fructifier des capitaux, si la loi ne limitait pas le taux de l'intérêt en matière civile.

On peut assurer que le prêt de ces fonds à 7 ou 8 0/0 serait en outre un bienfait pour les malheureux comptables. Ils sont, dans la situation présente, obligés de subir les conditions des quelques maisons qui consentent à faire ces avances: Le défaut de concurrence et la crainte des sévérités de la loi, habilement exploités par le prêteur, aggravent encore le mal.

Les cautionnements déposés en numéraire au Trésor public s'élevaient le 1er janvier 1890 à. . . . . . Fr.   304.724.308 53

Les cautionnements fournis en titres représentaient un capital d'environ . . . . . .   50.000.000   »

Les cautionnements déposés dans les caisses de la ville de Paris s'élèvent actuellement (1891) :

En effets publics, à. 14.442.013 24

En numéraire, à 1.632.072 91

A la Caisse des Dépôts et Consignations, 31 décembre 1889 . . . .   39.903.233 26

Au Mont-de-Piété de Paris :

En numéraire 303.034 63

TOTAL. . . Fr.   411.154.682 57

Or, il n'est pas téméraire d'affirmer que ces millions, pour la plus forte part, ne sont pas la propriété des comptables ; que 250 millions environ sont fournis par des tiers rendus plus exigeants par le défaut de concurrence ; que la liberté du taux de l'intérêt en matière civile aurait assurément pour effet de modifier cet état de choses, au grand profit des emprunteurs et même des bailleurs de fonds dégagés du souci de poursuites éventuelles par l'abrogation de la loi ; que cette abrogation ferait disparaître cette espèce de privilège créé — dans l'état présent des choses — en faveur de quelques banquiers plus hardis et plus habiles ; que dans bien des circonstances, l'intervention de ces banquiers puissants peut enchaîner l'indépendance de hauts fonctionnaires de l'État ; enfin que les conventions accessoires, souscrites par les emprunteurs en sus de l'intérêt légal, sont assurément plus onéreuses que cet intérêt lui-même. « Je sais, disait M. Martin Nadaud, qu'on emprunte à 10 et 15 0/0 ; je sais que l'emprunteur a souvent accepté, avant d'entrer chez le notaire, des conditions que la loi punit et qu'elle ne punirait pas si vous abrogiez la loi. »

Nous avons pris ce seul exemple des fonds de cautionnement parce qu'il ne présente aucune incertitude sur la nature et le caractère de l'emprunt ; mais combien d'autres cas ne pourrait-on citer où la majoration du taux de l'intérêt serait également justifiée, soit par le délai du prêt, soit par d'autres considérations tout aussi sérieuses.

Les prêts sur titres de pension, sur brevets de légionnaires ou de titulaires de médailles militaires sont également très nombreux et les intérêts exigés par les prêteurs sont d'autant plus élevés que les risques de poursuites sont plus grands et qu'ils arrêtent les capitalistes honnêtes.

« L'honnête homme, écrivait J.-B. Say, ne s'expose pas à l'animadversion des lois, même lorsqu'elles sont déraisonnables. Ne voulant pas exiger un intérêt prohibé qui, sans être excessif, l'indemniserait de ses risques, il laisse les emprunteurs nécessiteux à la merci des usuriers. La loi ne protège que les emprunteurs qui peuvent se passer d'elle, parce qu'ils ont du crédit et qu'en l'absence de la loi, ils auraient trouvé de l'argent à un taux modéré. »

Au profit des prêteurs sur titres de pension, un intérêt supérieur à l'intérêt légal serait pourtant justifié. Les risques de cette opération sont nombreux et divers : la valeur du titre est subordonnée à l'existence du titulaire, et, comme le faisait observer M. Dupré-Lassalle dans un mémoire présenté à la Chambre criminelle de la Cour de Cassation sur le pourvoi d'un arrêt rendu par la Cour d'Appel d'Alger, le 19 novembre 1875, qui condamnait Jean Mesquida à un mois de prison et 1.000 francs d'amende pour ses opérations de prêts sur brevets de pension à d'anciens militaires : « Les pensions militaires et celles des légionnaires, ainsi que leurs arrérages sont, en principe, incessibles et insaisissables, sauf le cas de débet envers l'État ou de dettes d'aliments ; en outre, la détention des titres est loin d'allouer au prêteur le droit d'être payé sur les trimestres à échoir, puisqu'on peut en paralyser l'usage entre ses mains en lui refusant le certificat de vie sans lequel les arrérages ne sauraient être perçus ; enfin, les titulaires peuvent revendiquer ces titres, en exiger la restitution ou se faire donner un double par l'État. »

Aussi, tous ces risques sont-ils chèrement payés par les emprunteurs, honnêtes gens pour la plupart, qui trouveraient à un bien meilleur compte les fonds qui leur sont utiles, si le taux légal n'intervenait pas, et si la législation facilitait ce genre de transaction.

On se doute peu des sommes énormes prêtées ainsi. Un titre de médaille militaire donne droit à une pension annuelle de 100 francs, payable par semestre. Combien de titulaires n'ont jamais touché plus de 40 francs par semestre laissant, à chaque renouvellement de l'emprunt, 10 francs entre les mains du prêteur !

Déjà en 1851, la Chambre avait examiné s'il n'y avait pas lieu de remédier à ce fléau, en autorisant le Mont-de-Piété à prêter aux pensionnaires jusqu'à concurrence de la somme échue au jour de l'emprunt.

Mais on se heurtait à des difficultés dont l'examen serait ici hors de propos. Nous voulons seulement montrer que là encore la limitation de l'intérêt légal gêne surtout l'emprunteur ; que le placement, offrant plus d'aléa qu'un placement hypothécaire, devrait produire davantage ; enfin, qu'une partie de ce qui serait perçu au delà des 5 0/0 légaux pourrait, en certains cas, être considéré comme une prime d'assurance sur la vie humaine.

XV

Si les lois de 1807 et de 1850 avaient empêché le mal, on pourrait comprendre qu'on tînt à les maintenir et que l'on continuât à les appliquer. Mais puisque évidemment il n'en est pas ainsi, il faut chercher un autre procédé, et nous le trouverons dans la liberté des conventions engendrant la concurrence ouverte et loyale.

Si, d'autre part, nous étudions les placements sur valeurs mobilières, même en valeurs de l'État français, nous les trouvons souvent en opposition avec les prescriptions de la loi.

Dans un tableau ci-annexé (1) sont relevés les cours des rentes françaises de 1795 à 1889 ; on y lit que ceux qui ont acheté des rentes de 1797 à 1827, de 1830 à 1833, de 1848 à 1851, de 1871 à 1875 etc., ont placé leurs fonds à usure en matière civile.

On acquiert la même preuve, en consultant le tableau (1) des variations du taux de l'escompte et des avances de la Banque de France depuis l'an 1800.

La loi, dit-on, a créé des exceptions ; mais ces exceptions en faveur de certains établissements et celles créées par la jurisprudence au profit des banquiers intermédiaires entre les particuliers et la Banque démontrent précisément avec évidence les injustices de la législation et la nécessité de la liberté.

Puisqu'il peut naître des circonstances qui obligent l'État, malgré la confiance qu'il doit inspirer aux prêteurs, à emprunter à un taux supérieur au taux légal, que sera-ce donc pour un emprunteur dont le crédit est moins bien assis ?

N'en est-il pas de même pour l'intérêt attribué aux fonds employés en opérations dites de report qui ont pris une si grande extension depuis quelques années ? — A moins que ces opérations ne soient considérées comme étant de nature commerciale.

Le tableau suivant ne contient que des exemples de reports faits sur les meilleures valeurs ; il nous montre cependant que l'intérêt attribué à ces fonds, engagés seulement pour une liquidation, ressort quelquefois à plus de 16 0/0 l'an.

---

(1) Voir aux annexes, nᵒˢ 12 et 13.

DATES	VALEURS	COURS	REPORT	TAUX
2 janvier 1882.	3 0/0 perpétuel.	84,65	0,50	7,07
	3 0/0 amortissable . . .	84, »	0,60 0,80	8,55 11,42
	5 0/0	115, »	0,72 0,85	7,51 8,87
3 janvier 1882.	Banque de France. . . .	5700, »	65, » 75, »	13,68 15,78
	Crédit Foncier de France.	1780, »	19, » 24, »	12,86 16,17
	Chemin de fer de Lyon.	1850, »	17, » 20, »	11,02 12,97
	Chemin de fer du Nord.	2400, »	25, » 16, »	12,50 8, »
1er février 1882.	Banque de France. . . .	5300, »	50, »	11,32
2 février 1882.	Crédit Foncier de France.	1550, »	12, » 17, »	9,20 13,16
2 mai 1882 . .	Banque de France. . . .	5500, »	30, » 50, »	6,54 10,99
	Crédit Foncier de France.	1460, »	8, » 12, »	6,57 9,86
	Chemin de fer d'Orléans.	1290, »	9, »	8,68
	Chemin de fer du Nord.	2120, »	12,40	7,01
2 octobre 1889.	Banque de France. . . .	4200, »	25, » 40, »	7,14 11,42
	Crédit Foncier de France.	1300, »	8, »	7,38
2 novemb. 1889.	Banque de France. . . .	4200, »	23, » 26. »	6,57 7,42
4 novemb. 1889.	Banque de France. . . .	4330, »	30, »	8,31
3 janvier 1891.	Banque de France. . . .	4320, »	35, »	9,71
	Crédit Foncier de France.	1310, »	6, » 18, »	5,49 16,48
	Chemin de fer du Nord.	1850, »	9, » 14, »	5,83 9,24
	Comptoir. Nat. d'Escompte.	640, »	10. » Pour la quinzaine	37.50

La loi, d'après cette série d'exemples, est bien inégalement observée par tous. Or, que vaut une loi dont l'application ne peut être rigoureuse? Elle protège les habiles et inquiète ceux qui en ont la crainte salutaire.

XVI

Et d'ailleurs, comment a-t-on pu fixer en tout temps et depuis 1807 ce taux arbitraire de 5 0/0, sans tenir aucun compte ni du milieu, ni des risques essentiellement variables, ni de la rareté, ni de l'abondance des capitaux sur le marché, ni de leur effet utile, ni de quoi que ce soit?

M. F. Passy a dit avec raison que : « Les bases de la fixation du taux légal manquent par la suppression de la liberté ! S'il y avait une revision trimestrielle de ce taux légal, comme le demandait M. Treilhard, ce n'est pas 5 0/0, mais 3 0/0 qu'il faudrait fixer aujourd'hui. »

Que si vous prenez pour base le taux de la rente française recherchée avec raison par les capitaux français prudents, vous devez admettre également des fluctuations et non un chiffre invariablement fixé par une loi.

Dans le *Traité de l'usure* de M. Petit, conseiller à la Cour royale de Douai, se trouve, avec toutes les lois et ordonnances qui ont régi la matière, le tableau suivant faisant connaître les différents taux autorisés avant 1515 et de 1515 à 1840.

On y voit d'abord que la loi a dû intervenir assez fréquemment pour modifier les conditions des prêts en tenant compte de l'état du marché, ce qui n'a plus lieu aujourd'hui ; en outre, que les essais de liberté ont été de trop courte durée pour en conclure que le système offre les graves inconvénients redoutés par l'auteur.

L'INTÉRÊT DE L'ARGENT A ÉTÉ :

Antérieurement à 1515 . . . . au denier dix ;

De . . . . 1515 à . . . . 1601 au denier douze ;

De juillet. . . . 1601 à mars . . . . 1634 au denier seize ;
De mars . . . . 1634 à décembre . . 1665 au denier dix-huit ;
De décembre . . 1665 à juin . . . . 1724 au denier vingt ;
De juin. . . . . 1724 à juin . . . . 1725 au denier trente ;
De juin. . . . . 1725 à juin . . . . 1766 au denier vingt ;
De juin. . . . . 1766 à février . . . 1770 au den. vingt-cinq ;
De février, . . . 1770 à avril . . . . 1793 au denier vingt ;
De avril . . . . 1793 à avril . . . . 1794 au gré des parties ;
De avril . . . . 1794 à juillet. . . . 1766 au denier vingt ;
De juillet. . . . 1796 à septembre. . 1807 au gré des parties ;
De septembre . . 1807 à janvier . . . 1814 au denier vingt ;
De janvier . . . 1814 à janvier . . . 1815 au gré des parties ;
De janvier . . . 1815 jusqu'à ce jour 1810 au denier vingt.

Si je puis prêter aujourd'hui à 5 0/0 alors que l'État, au 31 décembre 1889, pour un capital nominal de 25.153.266.939 fr. donnait un intérêt annuel de 856.444.770 francs, soit un taux moyen de 3,404 0/0, j'aurais dû être autorisé en 1879, par exemple, à prêter à 5,50 0/0, alors que l'État servait à 20.391.353.846 francs un intérêt de 762.335.010 francs, soit un taux moyen de 3,738 0/0.

XVII

Sous ce régime de limitation en matière civile et de liberté en matière commerciale, les habiles tournent la loi, soit en dissimulant leurs perceptions extra-légales, soit en commercialisant une opération absolument civile. Les capitaux honnêtes se réservent.

Donc, en intervenant dans les conventions des prêts par la fixation d'un taux maximum, la loi, loin de favoriser l'emprunteur, a nui au contraire à ses intérêts.

« Les prêteurs, disait Necker, considérés en général, ne sont que des propriétaires inactifs ; les emprunteurs au contraire ont un but, un mouvement dont la société profite de quelque manière ; aussi le Gouvernement doit désirer que, dans les contestations sur le prix de l'intérêt, l'avantage leur appartienne. »

Voilà bien la limite de l'intervention législative ; mais on ne peut comprendre que Necker ait conclu à la limitation légale du taux de l'intérêt, après avoir posé très judicieusement les principes suivants : « L'idée de payer une redevance annuelle en échange des avances fut une manière simple de lier ensemble la convenance du prêteur et celle des emprunteurs ; on a ainsi multiplié les moyens de travail et concouru sans doute efficacement à cette activité générale qui est maintenant répandue dans toutes les sociétés. La mesure de l'intérêt de l'argent est fondée sur le rapport qui existe entre la somme des fonds qu'on cherche à placer et le nombre ou l'avantage des emplois ; mais il y a aussi une habitude qui donne de la stabilité au taux généralement adopté. La somme des capitaux qu'on prête et qu'on emprunte dépend et de la quantité du numéraire et de la rapidité de la circulation. Le nombre et l'avantage des emplois tiennent à l'étendue et à la fécondité du sol, à la multiplicité des établissements d'industrie, à la diversité des commerces et à la grandeur de la dette publique (1). »

Mais c'est surtout dans le chapitre xxii « de l'administration des finances de Necker » qu'apparaît, dans toute sa clarté, l'illégitimité de cette limitation légale : « Les lois contre l'usure, dit Necker, les punitions infligées à ceux qui s'en rendaient coupables n'avaient point arrêté ses progrès dans la capitale, et l'on ne pouvait plus se dissimuler les difficultés insurmontables d'une pareille réforme ; car, à mesure que la surveillance de l'Administration se réveillait, les usuriers redoublaient de précautions pour cacher leur trafic criminel sous des formes légales en apparence. Il était donc devenu nécessaire d'opposer à cette dépravation un obstacle d'un nouveau genre, et l'institution

---

(1) Consulter Adam Smith : *Recherches sur la nature et les causes de la richesse des nations.* Livre II, chapitre iv : « des fonds prêtés à intérêt ».

d'un Mont-de-Piété, déterminée au mois de décembre 1777, parut véritablement indiquée par les circonstances. »

On institua donc un Mont-de-Piété, et cet établissement, créé pour combattre l'usure, prêtait sur gages à des conditions qui « équivalaient, dit Necker, à un intérêt de 10 0/0 l'an », c'est-à-dire à des conditions usuraires au sens strictement légal du mot.

N'est-ce pas là une preuve concluante de la défectuosité de la loi de 1807 et de la nécessité de son abrogation aussi bien en matière civile qu'en matière commerciale?

XVIII

Le Mont-de-Piété, qui ne réalise aucun profit sur ses opérations, est obligé de varier le taux de ses prêts en suivant les fluctuations du marché financier.

C'est que l'opération du prêt sur gages comporte des aléas, des frais résultant de la constitution du gage et qu'on ne peut honnêtement laisser à la charge du prêteur. Que voyons-nous dans cet établissement? Depuis sa fondation, il se procure par l'emprunt les fonds qu'il prête à son tour, et quand il paye l'argent un prix élevé, il élève le taux de ses prêts et inversement. Si les fluctuations n'ont pas été absolument parallèles, c'est que l'établissement avait à se créer sur ses ressources, comme outillage industriel, des magasins destinés à loger les gages, etc.

On trouve, dans le tableau suivant, les taux des emprunts et des prêts depuis la création de l'établissement :

ANNÉES	TAUX des EMPRUNTS	INTÉRÊTS et DROITS des PRÊTS
1777 à l'an IV	3 1/2 à 5 0/0	10 0/0
An V et an VI	12 0/0	30 0/0
An VII	18 0/0	24 0/0
An VIII	10 0/0	30 0/0
An IX	8 0/0	30 0/0
An X	8 0/0	24 0/0
An XI	7 0/0	18 0/0
An XII	6 1/2 0/0	15 0/0
An XIII et an XIV	6 1/2 0/0	12 0/0
1806	6 0/0	»
1807	5 0/0	»
1808 à 1813	4 0/0	»
1814	5 0/0	»
1815	4 0/0	»
1816 à 1818	5 0/0	»
1819 à 1828	4 0/0	12 0/0
1829	3 0/0	»
1830	4 0/0	»
1831	4 0/0	9 0/0
1832 et 1833	3 1/2 0/0	»
1834	3 0/0	»
1835 et 1836	2 1/2 0/0	»
1837 à 1844	3 0/0	»
1845 et 1846	2 3/4 0/0	»
1847 et 1848	3 à 5 0/0	»
1849	4 0/0	»
1850-1851-1852-1853	3 0/0 4 0/0 3 0/0 4 0/0	»
1854 et 1855	4 1/2 0/0	»
1856 et 1857	5 0/0	»
1858	4 0/0	»
1859 à 1861	5 à 3 1/2 0/0	»
1862-1863	4 0/0 4 1/2 0/0	»
1864 à 1869	5 à 3 0/0	»
1870 et 1871	4 à 6 0/0	»
1872	4 1/2 0/0	»
1873 et 1874	5 1/2 à 4 0/0	»
1875 à 1878	4 1/2 à 3 0/0	»
1879 à 1881	3 0/0	»
1882	3 0/0 et 3 1/2 0/0	»
1883	3 1/2 0/0	»
1884	3 1/2 et 3 0/0	»
1885	3 1/2 et 3 0/0	»
1886	3 0/0	8 1/2 0/0
1887	3 0/0	7 0/0

Ce qu'il faut retenir de ces chiffres, c'est que le Mont-de-Piété, pour combattre l'usure effrénée qui ruinait tant de gens est, par la force des choses, obligé de prêter à un taux supérieur au taux légal. Voilà le seul remède pratique imaginé par le législateur.

Et s'il se trouvait un prêteur jugeant que la situation de l'emprunteur attaché à une administration publique, par exemple, lui offre des garanties suffisantes pour le dispenser de fournir un gage, ce prêteur ne pourrait faire payer ce prêt plus de 5 0/0! Quelle anomalie! Le Mont-de-Piété prête à 7 0/0 contre le dépôt d'un matelas; un tiers ne peut, sans s'exposer à des poursuites, prêter au même taux en dispensant l'emprunteur de constituer un gage. Cependant, dans le second cas, l'opération est plus avantageuse aux deux parties : l'emprunteur n'est pas privé d'une partie de son mobilier, le prêteur n'a pas la charge de conserver un gage.

Le gage, dans cette occasion, c'est la situation sociale de l'emprunteur ; la majoration d'intérêt ne représente plus alors les frais de garde et de logement du nantissement; elle représente la prime donnée à l'aléa de l'opération.

XIX

En examinant les opérations du Mont-de-Piété de Paris, et celles des différentes banques qui consentent des prêts sur gages, on reconnaît mieux encore l'erreur dans laquelle tombent tous ceux qui jugent de la loyauté et des avantages d'un prêt par le seul examen du taux de l'intérêt.

Le Mont-de-Piété prête actuellement à 7 0/0; il pourrait abaisser immédiatement au taux légal l'intérêt de ses avances, mais à la condition de supprimer les bureaux auxiliaires qui fonctionnent dans les quartiers excentriques et mettent le prêt à la portée des emprunteurs de ces localités. Qu'en résulterait-il? que les emprunteurs perdraient en frais de déplacement — temps ou argent — vingt fois plus qu'ils ne payent par la majoration à 7 0/0 du taux de l'intérêt exigé; ou bien, en s'adressant à des commissionnaires, ils auraient à acquitter, comme par le passé, des droits fixes bien plus onéreux que la perception du Mont-de-Piété avec son apparence usuraire.

Si nous étudions au contraire les opérations des établissements de crédit les plus honorables, tels que le Crédit Lyonnais ou la Société Générale qui ne sont pas, à bon droit, réputés pour pratiquer l'usure et dont les prêts sont calculés au taux légal, que voyons-nous?

Un prêt de 100 francs, pour un délai de quelques jours, donne lieu au paiement suivant ainsi calculé :

CRÉDIT LYONNAIS.

Intérêts pour deux mois (minimum de perception)   1 fr. »
Commission fixe   »   » . 1   »

                  TOTAL. . . . . . 2 fr. »

retenus d'avance avec les frais accessoires des actes.

Toutefois, pour un dégagement après trois jours de dépôt, le Crédit Lyonnais a restitué 0.55 — 0.10 = 0.45 pour bonification d'intérêt.

SOCIÉTÉ GÉNÉRALE

Pour un même prêt de 100 francs :

Intérêts pour trois mois . . . . 1 fr. 25
Commission fixe 1/2 0/0. . . . . »   50

                TOTAL. . . . . . 1 fr. 75

également retenus d'avance avec les frais accessoires.

Ne serait-il pas préférable, dans ces conditions, de fixer un taux plus élevé qui comprendrait toutes les charges imposées à l'emprunteur et l'édifierait absolument? C'est ce que nous pensons.

X X

Presque tous les gouvernements ont compris aujourd'hui la nécessité de laisser se régler les conventions du crédit en argent par les mêmes lois que celles qui régissent tout le reste.

Toutefois, quelques États de l'Amérique du Nord ont encore une législation restrictive et il apparaît que les inconvénients de cette restriction se manifestent, aux États-Unis comme ici, et donnent lieu à des pratiques identiques.

On en trouve la preuve dans le *Traité des Banques et de la circulation*, déjà cité, où l'auteur, M. Condy-Raguet, dans le chapitre IX, « sur les lois qui règlent le loyer des capitaux et sur les pernicieux effets des lois contre l'usure », montre les mauvais effets produits en Amérique par une législation antilibérale : « Toute personne qui possède un capital dont elle n'a pas besoin aimera mieux permettre à un tiers de s'en servir que de le garder inactif. Elle exigera telle redevance annuelle que l'action réciproque de l'offre et de la demande sur le marché la mettra à même d'exiger. Si ce capital consiste en terres ou maisons, la compensation perçue se nomme fermage ou loyer; s'il consiste en vaisseaux, on l'appelle fret; s'il consiste en chevaux ou en voitures, louage; en chemins de fer, ponts ou canaux, péage; en marchandises, profit; en argent, intérêt.

» Dans tous les pays où la double concurrence du marché, affranchie de restrictions législatives, produit librement ses effets, le prix fixé pour l'usage d'un capital, quelle que soit sa forme, se réglera sur l'intérêt mutuel du capitaliste et de l'emprunteur.

» Quoique les espèces métalliques constituent une des formes sous lesquelles un capital est pris à loyer par les personnes qui désirent l'employer dans quelque entreprise industrielle, elles ne forment jamais l'objet précis que l'on a en vue d'obtenir.

» L'argent est simplement emprunté comme l'instrument le plus commode pour se procurer les matières premières, les denrées alimentaires, etc... Il faut donc que cet argent, comme partie intégrante de la masse totale du capital circulant, soit gouverné par les mêmes lois que celles qui règlent tout le reste : si ce capital est abondant, l'intérêt sera bas, comme en Angleterre et en Hollande ; s'il est rare, l'intérêt sera élevé comme dans tous les nouveaux États de l'Union.

» Mais il existe malheureusement dans un grand nombre de pays, et notamment dans le nôtre, des lois qui, voulant limiter la redevance que le propriétaire d'un capital réalisé sous forme d'argent doit tirer de son loyer, troublent jusqu'à un certain point le cours naturel des choses et détruisent le rapport uniforme que, sans cet obstacle, le profit et l'intérêt ne cesseraient de conserver entre eux.

» En frappant d'une pénalité les prêts à un taux d'intérêt plus haut que 6 0/0 l'an, par exemple, — c'est là le taux le plus ordinaire fixé par la législation de nos États, — on force les capitaux nationaux à se porter vers les lieux où ils trouvent plus de liberté, ou bien on empêche les capitaux étrangers d'arriver. Dans l'un et l'autre cas, la masse du capital circulant est diminuée et, par conséquent, le taux du loyer est encore augmenté.

» Il n'y a pas un argument solide pour justifier la fixation légale du prix de l'argent qui ne soit applicable également à la fixation légale du loyer des terres et des maisons, du fret des vaisseaux, du louage des chevaux ou du profit de la vente des marchandises.

» Le prêt d'une somme d'argent pour une année n'est autre chose que la vente d'un capital à un an de crédit.

» L'absurdité d'établir une différence entre une vente d'argent et une vente de marchandise est tellement reconnue dans tous les pays, par un grand nombre de capitalistes, qu'à chaque instant les lois contre l'usure sont éludées par des expédients qu'il serait difficile de prévenir.

» Ce n'est pas une des contradictions les moins bizarres de notre époque, ajoute l'auteur en note, que le maintien de ces lois dont l'absurdité, l'impuissance sont depuis longtemps proclamées par tous les hommes éclairés et qui sont surtout nuisibles aux intérêts qu'elles semblent devoir protéger.

» Parmi les maux qu'elles produisent, il faut compter la violation de la loi rendue nécessaire et une habitude de fraude répandue dans toutes les classes de la société. C'est là un principe funeste qui dépouille la loi de son autorité morale et corrompt le citoyen en lui enlevant le respect de la loi. »

A l'appui de ces considérations d'un ordre élevé, M. Condy-Raguet entre dans le détail des fraudes qui se pratiquent pour éluder la loi et qui présentent bien les mêmes particularités que celles en usage en France : on peut donc conclure de cette conformité de procédés que ces fraudes sont les conséquences des restrictions légales.

« Ceux qui n'ont pas de garanties matérielles à offrir, dit-il, c'est-à-dire une grande partie des classes laborieuses, sont obligés de recourir à des prêteurs qui, au delà de la valeur réelle de l'argent et d'une prime raisonnable pour le risque du prêt sur garantie personnelle, doivent recevoir une autre prime pour la déconsidération et le risque auxquels ils s'exposent en violant les lois du pays.

» Un des expédients les plus ordinaires pour éluder la loi est celui qui se pratique journellement à la Bourse de New-York et de Philadelphie : au moyen d'un achat fictif de fonds au comptant et d'une vente fictive à crédit du même objet idéal, par l'entremise d'un courtier, une somme d'argent est prêtée à un taux suffisamment élevé au-dessus du taux légal pour couvrir le taux réel du marché et la valeur du risque attaché à une transaction illégale. »

Et l'auteur donne le détail de l'opération : « Un emprunteur consent à payer 12 0/0 l'usage d'une somme d'argent pendant une année et il convient avec un courtier de donner 112 dollars, dans un an, pour un fonds public qui vaut sur la place 100 dollars seulement, mais à la condition expresse qu'au moment même de l'achat, celui-ci revendra ce fonds pour 100 dollars au comptant. Le courtier trouve un homme qui a de l'argent à prêter et ne veut pas acquérir de fonds publics, mais qui consent à donner 100 dollars comptant pour un fonds quelconque, s'il peut le revendre au même instant pour 112 dollars sur un engagement régulier payable à un an.

» Le courtier conclut la négociation, et deux personnes arrivent ainsi à vendre et à acheter ce qui n'a pas d'existence réelle. De telles transactions sont très certainement illégales, mais le cas est bien rare où elles donnent lieu à un recours devant la loi. »

N'y a-t-il pas là une opération semblable à celles pratiquées par nos usuriers au moyen de bateaux de charbon chimériques ou de vins de Champagne imaginaires ?

La loi, qui a limité l'intérêt dans les conventions, n'a nulle part empêché l'usure : elle a simplement obligé ceux qui la pratiquent à dissimuler leurs opérations et à faire payer en outre le prix de ces dissimulations.

XXI

Conclusion.

Il est temps de trouver une autre formule et d'essayer du système de la liberté, en punissant au contraire les dissimulations ou l'abus qui peut être fait de l'imprévoyance ou de l'ignorance des emprunteurs.

C'est par une loi de ce genre qu'on pourrait, il semble, atteindre les agissements des exploiteurs et donner la confiance nécessaire aux capitaux honnêtes qui se réservent.

Cette loi, Turgot, dans le mémoire qu'il présentait au Conseil d'État en 1769, la demandait : « Si des motifs de prudence peuvent empêcher d'établir, quant à présent, par une loi, la liberté entière du prêt à intérêt, cette liberté n'en est pas moins le but auquel l'Administration doit tendre et auquel il convient de préparer les opinions du public. »

La question aujourd'hui nous semble suffisamment élucidée, et voici la loi que nous proposons.

ARTICLE PREMIER. — Les lois des 3 septembre 1807, 19 décembre 1850 et 12 janvier 1886, dans leurs dispositions relatives à l'intérêt conventionnel, sont abrogées.

ART. 2. — Le taux de l'intérêt conventionnel est déterminé librement par les parties contractantes ; il comprend l'ensemble des droits exigés par le prêteur.

ART. 3. — Le taux de l'intérêt légal sera fixé chaque année par un décret rendu en Conseil d'État.

ART. 4. — Tout prêteur qui, dans un acte, aura dissimulé une part quelconque des conditions imposées par lui à l'emprunteur sera passible des peines édictées par l'article suivant.

Article 5. — Quiconque, dans une opération ayant pour but d'accorder ou de proroger un crédit, exploite sciemment la légèreté du débiteur, sa faiblesse d'intelligence, sa situation nécessiteuse, son inexpérience ou son excitation d'esprit, en se faisant promettre ou donner à lui ou à un tiers, des avantages pécuniaires qui, par leur exagération, sont de nature à causer ou à hâter la ruine de ce débiteur, se rend coupable d'un délit et est puni d'un emprisonnement de rigueur de un à trois mois et d'une amende de 100 à 10.000 francs, ou de l'une de ces peines.

ANNEXES

Annexe N° 1

AFFAIRE P...

Jugement en date du 19 avril 1882.
Réformé par l'arrêt du 8 mars 1883.

—

TRIBUNAL CORRECTIONNEL DE LA SEINE (8e Chambre).
PRÉSIDENCE DE M. CADET DE VAUX.

Audiences des 25 janvier, 8 février, 1er, 29 mars et 19 avril 1882.

PRÉVENTION DE COMPLICITÉ D'ABUS DE CONFIANCE, DE TENUE D'UNE MAISON DE PRÊTS SUR GAGES NON AUTORISÉE ET D'USURE HABITUELLE. — LE COMMERCE DES DIAMANTS. — CONSIGNATION DE MARCHANDISES PAR DES COMMISSIONNAIRES ET DES COURTIERS. — ACQUITTEMENT.

En ce qui touche la complicité du délit d'abus de confiance, le tribunal, attendu que la maison R... et T... avait une bonne réputation commerciale, qu'elle jouissait d'un grand crédit, qu'il est établi que P... frères avaient pris préalablement de sérieuses informations; que par suite il n'est pas établi qu'ils aient connu l'origine des diamants que les sieurs R... et T... leur avaient consignés;

En ce qui touche le chef de prévention de tenue de maison de prêts sur gages sans autorisation légale :

Attendu que la maison P... a été établie en 1860 à la suite des lois des 28 mai 1858, relative aux négociations concernant les marchandises déposées dans les magasins généraux, et 13 mai 1863, modifiant le Code de commerce dans ses dispositions relatives aux gages et aux commissionnaires;

Que cette maison a été ainsi créée en vue des facilités de crédit nouvelles qu'offraient aux commerçants les lois susvisées, dans le but d'en tirer profit en se livrant aux opérations que ces lois permettaient et encourageaient en en simplifiant le fonctionnement;

Que l'économie et la tendance de ces deux lois sont caractérisées dans ce sens dans l'exposé des motifs où il est dit : « Que le gage est » pour le commerçant non seulement une ressource pour sortir d'em- » barras, mais aussi un moyen fécond d'agrandir et d'activer ses » opérations; » que dans un autre passage du même exposé des motifs on lit : Que l'effet de la loi serait de permettre à tout le monde de prêter sur gages aux commerçants sans péril et par conséquent de vulgariser les nantissements;

Que P... est donc seulement prévenu d'avoir, dans la tenue de la maison dont il s'agit, contrevenu aux prescriptions des lois précitées en prêtant sur gage ou nantissement civil sans autorisation légale *(Art. 411 du Code pénal)*, alors que l'article 91 de la loi de 1863 limitait expressément les prêts qu'il pouvait faire au gage constitué soit par un commerçant, soit par un individu non-commerçant pour un acte de commerce;

Attendu que le nombre des prêts sur nantissement effectués par la maison, P..., du 1er janvier 1876 au 1er janvier 1879, s'est élevé à 209 et l'importance de ces prêts à 16.617.660 fr. 85 c. sur lesquels il a été perçu 456.146 fr. 80 c. ;

Attendu que l'expert énonce dans son rapport que si l'on s'en tient à la qualité apparente des emprunteurs du sieur P..., celui-ci paraîtrait avoir traité la majeure partie de ces affaires avec des commerçants et s'être ainsi entièrement conformé aux articles 91 et suivants du Code de commerce;

Mais attendu qu'indépendamment des prêts faits au comte de C....., dont le nom ne figure pas dans ceux des 209 emprunteurs visés dans le rapport de l'expert, ce dernier considère que sur les 209 prêts dont il s'agit, il y en aurait neuf s'élevant au chiffre total de 3.942.961 fr. 61 c. sur 16.117.660 fr. 85 c., ayant donné lieu à une perception de 120.232 fr. 93 c. sur 456.146 fr. 80 c., lesquels prêts devaient être considérés comme délictueux;

Attendu qu'à l'appui de son avis, l'expert relève d'abord que cinq des emprunteurs : 1° le sieur W..., 2° S... et S..., 3° S... frères 4° R... et T.... 5° B..., auraient donné en nantissement des marchandises qui n'étaient pas de la nature de celles dont ils faisaient habituellement et ostensiblement le commerce; d'où il suit qu'on ne peut admettre que les frères P... aient pu croire que ces marchandises avaient été achetées régulièrement et en vue d'un placement normal ;

Attendu que, sans contester autrement la spécialité commerciale des susnommés, l'expert énumère qu'il a été prêté, savoir : au sieur W... sur filés et tissus de laine et soie, 248.400 francs ; à S... et S... sur diamants, brillants, perles, etc., 1.534.350 francs ; à S... frères sur bijoux divers, 40.190 francs ; à R... et T... sur diamants, brillants, perles, etc., 1.302.780 francs ; à B... sur bijoux divers, 519.900 francs ;

Attendu que le rapport de l'expert relève encore que trois emprunteurs, les sieurs F..., V... et D..., n'exerçaient aucun genre de commerce spécial et qu'il aurait été prêté au premier 19.800 francs sur soie et toile, au deuxième 2.350 francs sur charbon, et au troisième 230.024 fr. 60 c. sur café, vanille et charbon ;

Attendu que le rapport relève enfin qu'un des emprunteurs, le comte d'A..., auquel il a été avancé 44.600 francs sur laine et soie, n'était notoirement pas commerçant et que sa position sociale l'éloignait de tout négoce ;

Attendu que le même grief est relevé en ce qui concerne les prêts faits au comte de C..., auquel il a été avancé : le 4 janvier 1876 sur des vins, 8.000 francs ; le 21 février suivant sur des vins et eaux-de-vie, 11.000 francs ; le 20 janvier 1877 sur 483 pièces de draps, 19.200 francs ; le 27 janvier 1873 sur 7.280 pièces d'étoffes diverses, 8.000 francs ;

Attendu, en ce qui concerne les huit premiers emprunteurs susnommés, qu'il est constant qu'ils étaient commerçants et que le gage qu'ils ont donné en garantie pouvait être considéré entre leurs mains comme une marchandise qu'ils utilisaient pour se procurer les avances dont ils avaient besoin, sans qu'il soit établi que le sieur P... ait dû croire qu'il effectuait à leur égard un prêt civil ;

Que l'expert le reconnaît ; qu'en effet il conclut en ce qui touche ces huit emprunteurs en disant que, quoi qu'il en soit, les frères P... sont dans une certaine mesure en état de s'appuyer sur la situation apparente de ces emprunteurs pour prétendre qu'ils n'ont cru faire avec eux que des opérations licites;

Attendu qu'il est évident, en ce qui concerne le comte d'A... et le comte de C..., à l'égard desquels le prêt délictueux, fût-il d'ailleurs établi, ne saurait, étant isolé, constituer la tenue d'une maison de prêts sur gage, le sieur P... ne peut se retrancher derrière leur situation de commerçants;

Mais, attendu que l'article 91 de la loi de 1863 prévoit le gage constitué par un non-commerçant pour un acte de commerce;

Que l'importance et la nature des lots de marchandises données en nantissement par les susnommés et les conditions dans lesquelles elles l'étaient, permettaient de croire que ceux-ci en étaient propriétaires par suite d'un contrat commercial exceptionnellement passé par eux ;

Qu'en effet, les laines et tissus sur lesquels il a été prêté au comte d'A..., avaient appartenu originairement au sieur M..., négociant à Paris, qui les avait consignés en mars et septembre 1877 aux magasins généraux du Château-d'Eau et les avait transportés le 30 novembre 1877 au comte d'A..., qui en était ainsi devenu propriétaire et avait emprunté depuis sur les warrants à lui remis ;

Qu'il en est de même des prêts faits les 4 janvier et 21 février 1876 au comte de C..., sur vins et eaux-de-vie, lesquels avaient été déposés par lui-même aux entrepôts du pont de Flandre les 28 et 31 décembre 1875, entrepôts qui leur avaient, sur demande, délivré des warrants, dont il est venu proposer l'escompte aux frères P...;

Que les diamants prêtés au comte de C... l'ont été par le sieur L..., sur dépôt de marchandises effectué par ce dernier dans les magasins du sieur T..., entrepositaire directeur des magasins généraux, et sur la remise des récépissés et warrants endossés par ledit sieur L..., au profit des frères P..., et figurent seuls sur les livres de ces derniers ;

Attendu d'ailleurs que, comme pour ceux consentis au comte d'A..., et au comte de C..., la presque totalité des prêts effectués par les frères P..., dans le cours des trois années sur lesquelles a porté le rapport de l'expert, l'ont été, après dépôt de marchandises effectué par les propriétaires de ces marchandises, dans les magasins généraux et autres entrepôts similaires créés dans ce but en vertu de l'article 1er de la loi du 28 mai 1858 et sur récépissés et warrants délivrés par ces établissements aux déposants, puis régulièrement transférés aux frères P... par voie d'endossement, ainsi que le permet l'article 3 de la loi du 28 mai 1858 ;

Attendu que la remise aux mains du sieur P... des récépissés et warrants ainsi régulièrement endossés à son profit pourrait l'autoriser à croire qu'il prêtait licitement sur les marchandises faisant l'objet des récépissés et warrants qui avaient été créés en exécution de la loi du 28 mai 1858 et de celle du 13 mai 1863, laquelle n'est que le complément de la loi sur les magasins généraux et sur les warrants, ainsi qu'il est dit dans la partie finale de l'exposé des motifs de cette loi ;

Attendu que l'article 1er de la loi du 28 mai 1858 dispose que les magasins généraux établis en date du décret du 21 mars 1848 et ceux qui seront créés à l'avenir recevront les matières premières, les marchandises et les objets fabriqués que les négociants et industriels voudront y déposer ;

Qu'il résulte de ce texte précis de la loi du 28 mai 1858, que les magasins généraux et autres entrepôts similaires légalement établis ne peuvent recevoir en dépôt que des matières premières, marchandises et objets fabriqués, remis par des négociants et industriels, c'est-à-dire des marchandises susceptibles d'être données ou prises en nantissement pour prêts, aux termes de l'article 91 de la loi de 1863 ;

Qu'en effet, pour s'assurer que les magasins généraux fonctionnent dans les limites qui leur sont imparties, des récépissés sont délivrés aux déposants, lesquels énoncent leurs nom, profession et domicile, ainsi que la nature de la marchandise déposée et à chaque récépissé de marchandises, se trouve sous la dénomination de warrants, un bulletin de gage contenant les mêmes mentions que le récépissé ;

Attendu que l'autorité administrative est armée du droit de constater si les magasins généraux enfreignent les prescriptions de la loi ;

Qu'en effet, l'article 1er de la loi de 1858 dispose que ces magasins, ouverts avec l'autorisation du gouvernement, sont placés sous sa surveillance ;

Qu'en outre la loi a prévu le cas où les commerçants auraient à souffrir du fonctionnement irrégulier des magasins généraux ; qu'en effet l'article 11 des règlements d'administration concernant la loi du 28 mai 1858, pris en vertu de l'article 14 de ladite loi, dispose qu'en cas de contravention ou d'abus commis par les exploitants de nature à porter un grave préjudice à l'intérêt du commerce, l'autorisation accordée peut être révoquée par un acte rendu dans la même forme que cette autorisation et les parties entendues ;

Qu'il en résulte que si les prêts effectués par le sieur P... sur récépissés et warrants portaient sur des marchandises indûment déposées, les commerçants qui croient avoir eu à souffrir de ces agissements dont l'origine et la responsabilité remontent aux magasins généraux, trouvent dans la loi les moyens d'y remédier en se pourvoyant ainsi que de droit ;

Attendu que l'expert constate d'ailleurs que la manière d'opérer du sieur P... était régulière dans la forme et ne s'écartait pas des prescriptions légales ;

Attendu que si P... s'était livré à des prêts illicites, sa comptabilité ne les aurait pas consignés avec une exactitude, une régularité et une précision reconnues par l'expert, et qui excluent la mauvaise foi et la fraude ;

Attendu qu'il résulte de tout ceci que les délits de tenue de maison de prêts sur gages non plus que celui d'établissement d'une maison de prêts sur gages relevé par le comte de C... seul ne sont pas établis ;

En ce qui touche le délit d'habitude d'usure :

Attendu que l'expert constate que les prêts sur dépôt de marchandises faits par le sieur P... du 1er janvier 1876 au 31 décembre 1879 à 209 emprunteurs ou déposants divers, se sont élevés à la somme totale de 16.617.660 fr. 85 c. ; que les sommes retenues sur ces prêts à titre d'intérêts, commissions ou frais divers ont été de 456.316 fr. 80 c. ; d'où il résulterait, eu égard à la durée maximum de ces prêts, qui était de trois mois, que le taux des prélèvements opérés par le sieur P... aurait été en moyenne de 11 0/0 sur le chiffre de ses avances dans lequel, d'après l'expert, le droit de commission entrerait pour 3 fr. 60 c. l'an ou 0 fr. 90 c. pour quatre-vingt-dix jours ;

Attendu que, pour arriver à ce résultat, l'expert défalque d'abord des perceptions totales de 456.316 fr. 80 c. celle de 249.264 fr. 75 c. représentant l'intérêt à 6 0/0 l'an, sur la somme de 16.617.660 fr. 85 c. ci-dessus prêtée par les frères P..., ce qui réduit à 206.882 fr. 05 c. les perceptions retenues par ceux-ci ;

Mais, attendu que le prêt sur nantissement commercial impose tout d'abord au prêteur, par sa nature même, le payement de frais certains et immédiats, auxquels il doit préalablement faire face...;

Que ces frais accessoires étaient connus dès emprunteurs...;

Attendu que la jurisprudence a toujours admis qu'en outre de l'intérêt légal, le prêt commercial pouvait donner lieu à la perception d'un droit de commission ; qu'un arrêt de la Cour de Cassation du 11 février 1878 et un jugement de la huitième chambre de ce tribunal du 1er juin 1880, qui s'en est inspiré, élève jusqu'à 6 0/0 l'an cette commission destinée à rémunérer les soins pris par le banquier de se procurer des fonds, à lui rembourser les frais qu'il supporte et à l'indemniser des risques inhérents à ce genre d'opérations ;

Que ce même arrêt décide encore que le report trimestriel du reliquat exigible d'un compte ancien fait un autre compte qui peut être assimilé à une avance nouvelle et donner lieu à un droit de commission ;

Qu'il est manifeste que les mêmes motifs militent en faveur des prêts sur nantissements commerciaux ;

Le tribunal par ces motifs déclare les plaignants mal fondés en leur demande, les en déboute, relaxe le prévenu des fins de sa poursuite, et condamne les demandeurs aux dépens.

Annexe N° 2.

AFFAIRE P...

Arrêt du 8 mars 1883 réformant le jugement du 19 avril 1882.

N° 531. — Arrêt qui condamne P... a 500 francs d'amende.

Par jugement rendu le 10 avril 1882 au Tribunal correctionnel de la Seine (8e chambre) et par les motifs y exprimés, le Tribunal a renvoyé P... des fins d'une poursuite en complicité d'abus de confiance, d'habitude d'usure et de tenue d'une maison de prêts sur gages, dirigée contre lui par le ministère public, a déclaré les sieurs A...,

D..., W..., J... et D..., Q..., T... et de C... mal fondés dans leur demande contre P..., les en a déboutés et les a condamnés solidairement aux dépens des instances liquidés pour ceux avancés par le Trésor à deux mille cent soixante-huit francs cinquante centimes, plus trois francs pour droits de poste; a dit qu'ils supporteraient personnellement entre eux lesdits dépens, savoir : A..., D..., W..., Q..., T..., de C..., chacun dans la proportion d'un septième, J... et D... ensemble un septième.

Par actes séparés passés au greffe le 29 avril 1882, M. le Procureur de la République près le Tribunal de la Seine et les plaignants ont relevé appel du jugement susénoncé.

La Cour, statuant sur les appels interjetés par M. le Procureur de la République près le Tribunal de la Seine et par A..., D..., W..., J... et D..., Q..., T... et de C,..., du jugement rendu le 19 avril 1882 au Tribunal correctionnel de la Seine, 8e chambre, ensemble sur les conclusions prises devant la Cour au nom de toutes les parties et y faisant droit,

En ce qui touche la prévention d'abus de confiance :
Adoptant les motifs des premiers juges;

En ce qui touche la prévention de tenue d'une maison de prêts sur gage :

Considérant que si le prêt sur nantissement est en lui-même un contrat licite, soit dans les relations de la vie civile, soit dans l'ordre des transactions commerciales, l'article 411 du Code pénal n'en interdit pas moins, sous la réserve du privilège des établissements à ce autorisés, toute ouverture ou tenue d'une maison de prêts sur gages, c'est-à-dire l'exercice de la profession de prêteur sur gage consistant à se mettre en rapports avec le public pour la recherche et la pratique habituelle de ce genre d'opérations;

Considérant qu'il ne résulte d'aucun texte que cette situation légale se soit trouvée modifiée depuis l'institution des magasins généraux; que les lois des 28 mars 1858 et 13 mai 1863 peuvent avoir eu pour but et pour effet de vulgariser les avances sur nantissement de marchandises, comme un utile moyen de crédit entre commerçants; mais que ces lois n'ont porté aucune atteinte aux dispositions de l'article 411 du Code pénal

Considérant que l'autorisation de prêter, conférée par la loi du 31 août 1870 aux exploitants des magasins généraux, autorisés, n'implique à aucun degré que la négociation habituelle des prêts sur nantissement soit devenue une profession ouverte et permise à tous, à la condition de n'opérer que sur les marchandises ou matières susceptibles d'être reçues aux magasins généraux;

Considérant qu'il est, à la vérité, de jurisprudence que l'article 411 du Code pénal est applicable seulement aux maisons qui font métier de prêter sur dépôts de choses mobilières et non pas à celles qui se livrent à des avances sur titres représentatifs de créances ou autres droits incorporels; mais que le gage mobilier pouvant, aux termes de l'article 2076 du Code civil, être mis en la possession du prêteur ou dans celle d'un tiers convenu entre les parties, il en résulte que le délit de tenue d'une maison de prêts sur gages existe, soit que le prévenu ait reçu et conservé chez lui les objets qui lui étaient donnés en nantissement, soit qu'il ait prêté d'une manière assidue, sur des récépissés et warrants mettant à sa disposition des marchandises consignées aux magasins généraux ;

Considérant que ces récépissés et warrants ne constituent pas un bien distinct de l'objet corporel dont ils constatent le dépôt; qu'ils sont uniquement la représentation de cet objet; qu'aux termes de l'article 4 de la loi du 28 mai 1858, l'endossement du récépissé dont le warrant n'a pas été détaché, investit le porteur de tous les droits du déposant lui-même sur les marchandises consignées vis-à-vis des magasins généraux; qu'ainsi donner en nantissement des récépissés et warrants endossés à l'ordre du prêteur, c'est bien donner en gage la marchandise elle-même qui y est désignée;

Considérant qu'il résulte de l'instruction et des débats que, pendant les trois années qui ont précédé les poursuites, la maison P... s'est fait une spécialité notoire et publique du prêt sur nantissement, à tel point que, dans la période susénoncée, elle a traité avec 209 personnes une série de prêts de cette espèce, dont l'importance totale a dépassé seize millions; que les gages donnés ont consisté tantôt en marchandises livrées à P..., qui les a consignées sous son nom aux magasins généraux, tantôt en marchandises consignées aux magasins généraux par les emprunteurs et mises à la disposition de P... par le transfert des récépissés et warrants qu'il recevait en garantie;

Considérant que si le plus grand nombre de ces emprunteurs ont été des commerçants, beaucoup d'entre eux ont engagé à l'intimé des denrées tout autres que celles dont ils trafiquaient ordinairement, de telle sorte que ces appels au crédit ne pouvaient être considérés comme des opérations normales de leur négoce; qu'à plusieurs reprises d'ailleurs l'intimé a prêté sur gage, soit ouvertement, soit sous le couvert de courtiers qui n'étaient que des prête-noms, à des hommes du monde qu'il savait être étrangers à tout commerce et pour qui l'engagement de marchandises achetées dans des conditions équivoques n'était qu'un moyen désespéré de subvenir à leurs dissipations ;

. Considérant que P... a ainsi commis le délit prévu et puni par l'article 411 du Code pénal ;

Considérant que ce délit ne résultant que de la répétition et de la continuité de transactions dont chacune, prise à part, a constitué un contrat licite, les parties civiles n'ont éprouvé aucun préjudice et qu'à la sanction pénale encourue par l'intimé, il y a lieu d'ajouter ni restitutions ni dommages-intérêts ;

En ce qui touche la prévention d'habitude d'usure :

Considérant qu'il est établi par l'expertise que, sur les sommes dont il était censé faire l'avance à ses clients, P... a opéré des retenues dont le taux moyen était de onze pour cent et qui dans certains cas se sont élevées à trente-cinq et même à cinquante-deux pour cent ;

Considérant que, suivant la prétention de l'intimé, ces prélèvements n'ont été faits à titre d'intérêts que jusqu'à concurrence de six pour cent, mais qu'il avait en outre à se couvrir de commission de banque et de frais de visite, de transport et de garde variables d'après la nature des marchandises qui lui étaient données en nantissement ;

Considérant que les comptes de frais imposés d'avance et à forfait aux emprunteurs sont quelque peu suspects d'avoir servi de voile à des pratiques usuraires ; qu'à la vérité, le ministère public n'a pas les moyens de vérifier lesdits comptes et d'y contredire de manière à justifier une prévention d'usure habituelle ; mais qu'il y a tout au moins la source d'abus auxquels la loi pénale a voulu justement porter remède en prohibant la tenue des maisons de prêts sur gages, par tous autres que les établissements autorisés à cet effet ;

Par ces motifs,

En ce qui touche l'abus de confiance et l'habitude d'usure :

Confirme le jugement dont est appel ;

En ce qui touche la tenue d'une maison de prêts sur gages :

Met les appellations et ce dont est appel à néant ;

Emendant :

Déclare P... coupable du délit prévu et puni par l'article 411 du Code pénal et lui faisant application dudit article, lu à l'audience par M. le président et ainsi conçu :

Article 411. — « Ceux qui auront établi ou tenu des maisons de prêts sur gages ou nantissement, sans autorisation légale, ou qui, ayant une autorisation, n'auront pas tenu un registre conforme aux règlements, contenant de suite, sans aucuns blanc ni interligne, les sommes ou les objets prêtés, les noms, domiciles et professions des emprunteurs, la nature, la qualité, la valeur des objets mis en nantissement, seront punis d'un emprisonnement de quinze jours au moins, de trois mois au plus, et d'une amende de cent francs à deux mille francs. »

Ayant égard aux circonstances atténuantes et usant de la faculté accordée par l'article 463 du Code pénal :

Condamne P... à cinq cents francs d'amende.

Annexe n° 3.

AFFAIRE P...

Arrêt de la Cour de Cassation. — Chambre criminelle.

Audiences des 18, 19 et 24 janvier 1884.

JURIDICTION CRIMINELLE

COUR DE CASSATION (Chambre Criminelle).

PRÉSIDENCE DE M. LE PRÉSIDENT BAUDOIN.

MAISONS DE PRÊTS SUR GAGES. — LOIS DES 28 MARS 1858 ET 13 MAI 1863. — OPÉRATIONS ENTACHÉES DE FRAUDE. — WARRANTS. — PRÊTS SUR NANTISSEMENTS.

Si les lois du 28 mars 1858 et 13 mai 1863 ont eu pour but et effet, ainsi que cela résulte de leur texte et des travaux préparatoires qui ont précédé leur vote de faciliter la circulation des warrants, d'en faire un moyen de crédit et de venir en aide aux commerçants qui se trouvaient momentanément dans la gêne, elles n'ont pourtant porté aucune atteinte aux dispositions de l'article 411 du Code pénal, qui interdit la tenue d'une maison de prêts sur gages sans autorisation.

Cet article reste applicable, alors même que le prévenu, se conformant en apparence aux lois précitées de 1858 et de 1863, n'a fait que des opérations constituant en réalité des prêts sur gages ou nantissement.

Conséquemment, fait une juste et légale application de l'article 411 du Code pénal, l'arrêt qui déclare en fait que le prévenu s'est fait une spécialité de prêts sur nantissement; que ces prêts étaient faits soit à des commerçants qui déposaient le plus souvent des marchandises qui ne leur appartenaient pas, soit à des hommes du monde, étrangers à tout négoce, et pour qui l'engagement de marchandises achetées dans des conditions équivoques n'était qu'un moyen désespéré de subvenir à leurs dissipations.

Ces constatations sont souveraines et justifient l'application de l'article 411 du Code pénal.

Ce ne sont pas là, en effet, les opérations qu'ont en vue les lois de 1858 et de 1863, c'est-à-dire le nantissement offert par des commerçants dont le but, en escomptant les warrants à eux délivrés, est de leur permettre d'étendre leurs affaires en multipliant leurs affaires commerciales.

Ainsi jugé, après un long délibéré, en la Chambre du Conseil, par le rejet du pourvoi formé par le sieur P..., contre un arrêt rendu à son préjudice par la Chambre des appels correctionnels de la Cour de Paris, le 8 mars 1883.

———

Annexe N° 4.

AFFAIRE C...

Arrêt de la Cour de Paris en date du 18 novembre 1875

En conséquence des poursuites exercées par le Ministère public contre le nommé C..., prévenu d'avoir à Paris, depuis moins de trois ans, antérieurement au premier acte de poursuites, établi et tenu une maison de prêts sur gages sans autorisation légale, et de se livrer habituellement à l'usure, est intervenu le seize septembre mil huit cent soixante-quinze, au Tribunal de police correctionnelle de la Seine, neuvième chambre, un jugement contradictoire par lequel :

Attendu qu'il résultait des débats que les ventes à réméré étaient réelles et n'avaient pas pour but de dissimuler des prêts sur gages ; attendu que C... stipulait avec les vendeurs de reconnaissances du Mont-de-Piété, qu'à l'expiration du terme fixé pour le rachat, ces derniers lui paieraient outre le prix de vente une somme déterminée à l'avance par le contrat ; — Attendu que cette somme qui représentait environ 10 0/0 du prix de vente, ne pouvait être considérée comme constituant une perception usuraire ; qu'en cet état la prévention n'était pas suffisamment établie ; le Tribunal a renvoyé C... de l'action du Ministère public sans dépens.

Par acte passé au Greffe le neuf octobre mil huit cent soixante-quinze, M. le Procureur général a déclaré interjeter appel du jugement susdaté et énoncé.

A l'audience publique de la Cour de cejourd'hui où la cause a été continuée pour prononcer arrêt.

La Cour :

Vu toutes les pièces du procès et vidant le délibéré ordonné à la dernière audience,

Statuant sur l'appel interjeté par M. le Procureur général du jugement du Tribunal de police correctionnelle de la Seine, neuvième chambre, susdaté et énoncé et y faisant droit ;

En ce qui touche le délit d'habitude d'usure :

Considérant qu'il n'est pas suffisamment établi que les sommes perçues par C... constituent des intérêts usuraires, à raison des frais généraux qu'il avait à supporter en fait,

Confirme sur ce fait le jugement dont est appel ;

Mais, considérant que dans le courant des années mil huit cent soixante-quatorze et mil huit cent soixante-quinze, à Paris, C... a exploité un établissement financier ;

Qu'aux termes des prospectus affichés et répandus, les opérations auxquelles se livrait C..., consistaient notamment à prêter sur des reconnaissances du Mont-de-Piété au moyen de ventes à réméré ;

Considérant que sous l'apparence du contrat de retrait, C... a prêté en réalité sur nantissement de reconnaissances aux diverses personnes qui se sont adressées à lui;

Qu'en effet le prix de vente n'était que la somme avancée au vendeur apparent et non un prix arrêté selon la valeur de la reconnaissance;

Qu'aux termes de la convention, C... s'interdisait la libre disposition de l'objet mobilier vendu jusqu'au délai fixé pour le remboursement;

Que des renouvellements étaient accordés et que des formules d'avertissement étaient autographiées à cet effet;

Qu'enfin, à l'échéance du terme, l'acheteur restituait non seulement la somme avancée, mais les intérêts invariablement fixés à 10 0/0; que cette fixation par avance ne peut représenter les éléments variables des frais et loyaux coûts prévus par l'article 1673 du Code civil;

Considérant que si depuis le jugement du six août mil huit cent soixante-quinze rendu contre N..., C... a modifié ses prospectus, les opérations sont restées les mêmes;

Que les prétendus vendeurs, peu familiers avec les nuances juridiques, n'ont jamais entendu, quelle que fût la forme donnée à la convention, qu'obtenir une avance sur le dépôt de leur reconnaissance;

Qu'il résulte en conséquence de l'instruction et des débats que C... a tenu une maison de prêts sur nantissement et qu'il ne justifie pas d'une autorisation régulière ;

Considérant toutefois qu'il existe dans la cause des circonstances atténuantes ;

Met sur ce chef l'appellation et ce dont est appel au néant;

Émendant, déclare C... coupable du délit ci-dessus spécifié ; et, lui faisant application des articles 411 et 463 du Code pénal dont il a été donné lecture à l'audience par M. le Président et qui sont ainsi conçus :

Article 411.

« Ceux qui auront établi ou tenu des maisons de prêts sur gages ou nantissements sans autorisation légale, ou qui, ayant une autorisation, n'auront pas tenu un registre conforme aux règlements, contenant de suite, sans aucuns blanc ni interligne, les sommes ou les objets prêtés, les noms, domiciles et professions des emprunteurs, la nature, la qualité, la valeur des objets mis en nantissement, seront punis d'un emprisonnement de quinze jours au moins, de trois mois au plus et d'une amende de cent francs à deux mille francs. »

Article 463.

» Dans tous les cas où la peine de l'emprisonnement et celle de l'amende sont prononcées par le Code pénal, si les circonstances paraissent atténuantes, les Tribunaux correctionnels sont autorisés, même en cas de récidive, à réduire l'emprisonnement même au-dessous de six jours et l'amende même au-dessous de seize francs ; ils pourront aussi prononcer séparément l'une ou l'autre de ces peines et même substituer l'amende à l'emprisonnement, sans qu'en aucun cas, elle puisse être au-dessous des peines de simple police.»

Condamne C... à cent francs d'amende et aux dépens de première instance et d'appel liquidés ensemble à deux cent onze francs trente et un centimes, plus cinq francs vingt centimes pour droits de poste;

Fixe à deux mois la durée de la contrainte par corps, s'il y a lieu de l'exercer pour le recouvrement de l'amende et des dépens.

Annexe N° 5.

AFFAIRE C...

Arrêt de la Cour de Cassation en date du 19 mai 1876, rejetant le pourvoi contre l'arrêt de la Cour de Paris en date du 18 novembre 1875.

—

COUR DE CASSATION (Chambre criminelle).

PRÉSIDENCE DE M. DE CARNIÈRES.

Audience du 19 mai 1876.

PRÊT SUR RECONNAISSANCE DU MONT-DE-PIÉTÉ. — APPLICATION DE L'ARTICLE 411 DU CODE PÉNAL.

Le prêt sur reconnaissances du Mont-de-Piété constitue un prêt sur gages et tombe sous l'application de l'article 411 du code pénal qui punit d'emprisonnement et d'amende ceux qui auront établi ou tenu des maisons de prêts sur gages ou nantissements sans autorisation légale, ou qui, ayant une autorisation, n'auront pas tenu un registre conforme aux règlements.

Ainsi jugé par le rejet du pourvoi du sieur C..., contre un arrêt de la Cour de Paris, en date du 18 novembre 1875.

Annexe N° 6.

AFFAIRE V...

Jugement en date du 18 décembre 1878.
Réformé par l'arrêt du 29 janvier 1879.

—

TRIBUNAL CORRECTIONNEL DE LA SEINE (11e Chambre).
PRÉSIDENCE DE M. THIROUIN.
Audience du 18 décembre 1878.

TENUE D'UNE MAISON DE JEU DE HASARD, HABITUDE D'USURE.

Le Tribunal, après en avoir délibéré conformément à la loi :

Attendu qu'il résulte de l'instruction et des débats que depuis moins de trois ans, à Paris, V... a tenu une maison de prêts sur gages sans autorisation légale ;

Attendu que si le Code civil a autorisé le prêt sur gages, et si la loi du 23 mai 1863 dans l'intérêt du commerce, a fait disparaître les formalités auxquelles il était soumis, les prescriptions de l'article 411 du Code pénal, qui interdisent le prêt sur gage n'ont pas été abrogées ; et les tribunaux sont chargés d'apprécier les circonstances dans lesquelles ont lieu les prêts et si l'établissement incriminé vend, achète et fait sérieusement le commerce, ou n'a au contraire, qu'une seule destination, un seul but : « le prêt sur gages » ;

Attendu qu'il est constant que l'établissement fondé par V... en octobre 1870, boulevard Saint-Martin, sous la dénomination de maison de commission, n'était en réalité qu'une maison de prêt sur gages ;

qu'en effet il prêtait sur nantissement d'effets mobiliers avec un intérêt très élevé, à tous ceux qui se présentaient chez lui, qu'ils fussent
commerçants ou non ; leur faisait signer une autorisation de vendre,
à l'échéance du prêt, les marchandises déposées et même avant si elles
diminuaient de valeur ; tantôt les consignait, tantôt les vendait à l'a-
miable, sans même avertir les emprunteurs, et souvent même les
achetait pour son compte ;

Attendu qu'il est établi par les débats et par le rapport de l'expert
que V..., pendant près de deux années, n'a pas fait une seule opération de commissionnaire, n'a exécuté, ni une seule vente, ni un seul
achat pour le compte d'un client et que toutes les ventes de marchandises n'étaient faites que pour obtenir la réalisation des sommes prêtées ;

Attendu que d'octobre mil huit cent soixante-seize à mai mil huit
cent soixante dix-huit, V... a prêté sur gage la somme de quatre cent
trente-huit mille cinq cent quatre-vingt-trois francs ;

Attendu qu'il résulte en outre de l'instruction et des débats que V...
a commis le délit d'usure ; qu'en effet il est établi par le rapport de
l'expert et sa déposition à l'audience que d'octobre mil huit cent
soixante-seize à mai mil huit cent soixante-dix-huit, V... a prêté à
C..., K..., V..., L..., B..., F... et autres deux cent quatre-vingt-trois
mille trois cent cinquante et un francs pour un mois à cinquante-six
francs et demi pour cent ; vingt-cinq mille huit cent deux francs pour
un mois et demi à quarante six francs quarante-cinq pour cent ;
soixante-quatorze mille deux cent cinquante-trois francs pour deux
mois, etc. etc. ;

Attendu que si les habitudes de commerce autorisent un banquier
(et V... n'était qu'un prêteur sur gages) à prélever, en outre du taux
de l'intérêt légal, une commission pour l'indemniser de ses frais et
démarches, c'est à une condition, que cette commission ne soit pas
usuraire ;

Attendu que ces faits constituent les délits prévus et réprimés par
l'article 411 du Code pénal et l'article 2 de la loi du 19 décembre 1850 ;

Attendu qu'en cas de conviction de plusieurs crimes et délits, la
peine la plus forte doit être appliquée ;

Vu l'article 365 du Code d'instruction criminelle ;

Faisant application à V... de l'article 2 de la loi du 19 décembre 1850,
dont lecture a été donnée par le président et qui est ainsi conçu :

« Le délit d'habitude d'usure sera puni d'une amende qui pourra s'élever à la moitié des capitaux prêtés à usure et d'un emprisonnement de six jours à six mois. »

Condamne V... à quinze jours d'emprisonnement, à dix mille francs d'amende et aux dépens liquidés à trois cent trente-cinq francs trente centimes, plus trois francs pour droits de poste; fixe à deux ans la durée de la contrainte par corps s'il y a lieu de l'exercer pour le recouvrement de l'amende et des dépens.

Annexe N° 7.

AFFAIRE V...

Arrêt du 29 janvier 1879 réformant le jugement du 18 décembre 1878.

EXTRAIT DES MINUTES DU GREFFE DE LA COUR D'APPEL DE PARIS DU 29 JANVIER 1879. — ARRÊT QUI CONDAMNE V... A 10.000 FRANCS D'AMENDE.

La Cour d'appel de Paris, Chambre des appels de police correctionnelle, a rendu à l'audience publique du mercredi 29 janvier 1879 l'arrêt dont la teneur suit :

La Cour,

Statuant sur l'appel interjeté par V... du jugement contre lui rendu et y faisant droit :

Adoptant, en ce qui touche la constatation et la qualification des faits incriminés, les motifs des premiers juges;

Mais considérant qu'il existe dans la cause des circonstances atténuantes et qu'il y a lieu de modérer la peine prononcée contre le prévenu, en lui faisant application des dispositions de l'article 463 du Code pénal;

Met l'appellation et ce dont est appel au néant, en ce que les premiers juges ont condamné V... à quinze jours de prison ;

Émendant quant à ce, et faisant une application plus indulgente de l'article 2 de la loi du 19 décembre 1850, vu l'article 6 de la loi susdite, ensemble l'article 463 du Code pénal lu à l'audience par M. le président et ainsi conçu :

Article 463. — « Dans tous les cas où la peine de l'emprisonnement et celle de l'amende sont prononcées par le Code pénal, si les circonstances paraissent atténuantes, les Tribunaux correctionnels sont autorisés, même en cas de récidive, à réduire ces deux peines comme suit :

» Si la peine prononcée par la loi, soit à raison de la nature du délit, soit à raison de l'état de récidive du prévenu, est un emprisonnement dont le minimum ne soit pas inférieur à un an ou à une amende dont le minimum ne soit pas inférieur à cinq cents francs, les Tribunaux pourront réduire l'emprisonnement jusqu'à six jours et l'amende jusqu'à seize francs.

» Dans tous les autres cas, ils pourront réduire l'emprisonnement même au-dessous de six jours et l'amende même au-dessous de seize francs. Ils pourront aussi prononcer l'une ou l'autre de ces peines séparément, et même substituer l'amende à l'emprisonnement sans qu'en aucun cas elle puisse être au-dessous de peines de simple police. »

Décharge V... de la peine de quinze jours d'emprisonnement prononcée contre lui, maintient l'amende de 10.000 francs prononcée par les premiers juges ; la sentence au résidu sortissant effet ;

Condamne V... aux frais de son appel liquidés à 17 fr. 19 c. plus 5 fr. 20 c. pour droits de poste.

Annexe N° 8.

AFFAIRE J...

Jugement en date du 18 février 1879.

—

TRIBUNAL CORRECTIONNEL DE LA SEINE (8e Chambre).

Audience du 18 février 1879.

HABITUDE D'USURE. — TENUE D'UNE MAISON DE PRÊTS SUR GAGES.

Le Tribunal, après avoir délibéré conformément à la loi,

En ce qui touche la prévention d'habitude d'usure résultant de prêts sur titres de pension :

Attendu que l'instruction, le rapport de l'expert, les débats et les aveux mêmes de J... établissent que de 1876 à 1878 il a fait à un grand nombre de porteurs de titres de pension sur l'État et sur dépôt de ces titres, des avances qui représentent une somme d'environ 12.000 francs; qu'au moment de ces avances il prélevait un intérêt qui, de son propre aveu, ne s'élevait pas à moins de vingt-cinq à trente pour cent par an; qu'en même temps il faisait souscrire aux emprunteurs des billets d'une valeur égale aux termes des pensions et payables aux mêmes échéances; qu'il soutient à la vérité que ces pratiques ne constituent pas des prêts usuraires, mais des opérations analogues à celles du banquier qui escompte des billets avant leur échéance, et que, dans tous les cas, les sommes qu'il retenait au moment des prêts représentaient à la fois, avec l'intérêt légal, la rémunération de ses soins et démarches à l'effet de toucher les termes échus des pensions, et les chances aléatoires auxquelles l'exposaient les décès des titulaires de ces pensions; mais, attendu qu'il ne s'agit dans l'espèce, ni de valeurs négociables, ni d'escompte, et qu'au surplus la perception habituelle, de la part d'un banquier, d'un escompte de vingt-cinq à trente pour cent ne serait autre chose que de l'usure; que d'autre part c'est précisément pour échapper aux risques d'un contrat aléatoire, que J... avait soin d'exiger de ses emprunteurs des billets opposables à leurs héritiers;

En ce qui touche la prévention de tenue d'une maison de prêt sur gages et celle d'usure habituelle résultant desdits prêts :

Attendu que, de 1876 à 1878, environ six mille reconnaissances du

Mont-de-Piété ont été engagées chez J... pour une somme totale de plus de 32.000 francs et moyennant un intérêt de dix pour cent par mois, ou cent vingt pour cent par an; que vainement J... prétend qu'il ne prêtait pas sur les reconnaissances, mais qu'il les achetait ferme, et invoque à l'appui de cette allégation les termes des imprimés qu'il faisait signer à ses clients, et les déclarations faites à l'audience par un certain nombre de témoins;

Que si quelques-uns, en effet, ont hésité à reproduire à l'audience les déclarations précises et formelles qu'ils avaient faites dans l'instruction, d'autres ont persisté dans cette affirmation, que la prétendue vente ferme attestée par les imprimés ne servait qu'à masquer une vente à réméré, et qu'à leur égard du moins, J... aurait pris l'engagement de ne pas disposer de leurs reconnaissances avant un terme convenu, qui était ordinairement d'un mois;

Que la remise aux vendeurs de bulletins portant un numéro d'ordre et détachés d'un registre à souche, aurait été sans objet si elle n'avait eu pour but de permettre auxdits vendeurs de rentrer en possession de leurs gages après remboursement des sommes que J... était censé leur avoir intégralement remises;

Que, lorsqu'ils n'étaient pas en mesure de rembourser J..., les écritures de celui-ci mentionnaient auprès de l'échéance une revente et un achat nouveau; que ces mentions, qui constatent le renouvellement des emprunts sous forme de vente à réméré, seraient inexplicables, si l'opération primitive n'avait été qu'une vente pure et simple;

Qn'enfin J... n'est pas même fondé à soutenir que même devant la juridiction criminelle les énonciations formelles d'un acte ne peuvent être contredites par la preuve testimoniale; qu'il est de principe au contraire que tous les modes de preuve sont admis pour établir le véritable caractère des actes simulés et faits en fraude de la loi, et qu'il ne suffit pas de donner à des actes délictueux l'apparence extérieure d'actes licites pour s'assurer l'impunité;

Que, dans ces circonstances, J... est convaincu d'avoir commis les délits prévus et punis par les articles 411 du Code pénal, 1, 3 de la loi du 3 septembre 1807, 2 et 5 de la loi du 19 décembre 1850 ;

Vu l'article 365 du Code d'instruction criminelle, faisant application des dispositions de l'article 2 de la loi du 19 décembre 1850 dont lecture a été donnée par le président et qui est ainsi conçu :

« Le délit d'habitude d'usure sera puni d'une amende qui pourra

s'élever à la moitié des capitaux prêtés à usure et d'un emprisonnement de six jours à six mois. »

Attendu toutefois qu'il existe dans la cause des circonstances atténuantes et qu'il y a lieu de faire application au prévenu des articles 6
de ladite loi du 19 décembre 1850 et 463 du Code pénal,

Condamne J... à 1.000 francs d'amende; le condamne en outre
aux dépens liquidés à 437 fr. 50 c. plus 3 francs pour droits de poste;
fixe à six mois la durée de la contrainte par corps, s'il y a lieu de
l'exercer pour le recouvrement de l'amende et des dépens.

Annexe N° 9.

AFFAIRE P...

Audiences des 21 décembre 1880 et 4 janvier 1881.

—

TRIBUNAL CORRECTIONNEL DE LA SEINE (11e CHAMBRE)
PRÉSIDENCE DE M. MULLE.

Audiences des 21 décembre 1880 et 4 janvier 1881.

TENUE DE MAISONS DE PRÊTS SUR GAGES. — HABITUDES D'USURE. — ACHAT ET
VENTE DE RECONNAISSANCES DU MONT-DE-PIÉTÉ. — PRÊTS DÉGUISÉS.

Le commerce des reconnaissances du Mont-de-Piété était déjà très
florissant, il y a quelques années, et l'on va voir bientôt de quelle
étendue il est susceptible et quels énormes bénéfices il peut donner
lorsqu'il est exercé comme le comprennent les prévenus. Des poursuites nombreuses suivies de condamnations avaient frappé, il y a
quelques années, certains individus qui avaient transformé leurs prétendus établissements d'achat et de vente en véritables maisons de
prêts sur nantissements qui ne peuvent être créés sans autorisation
spéciale. Le contrat de prêt prenait la forme de vente à réméré,
l'intérêt perçu par l'emprunteur, à l'expiration du délai convenu,
s'appelait bénéfice du vendeur ou remboursement de frais et loyaux
coûts, et la loi était tournée.

Peu à peu, les industriels qui avaient renoncé à cette exploitation, que la sévérité du Tribunal rendait trop dangereuse, ont repris courage, et une nouvelle campagne a dû être commencée contre eux. Plusieurs affaires de ce genre ont été soumises à la onzième chambre correctionnelle, et nous reproduisons comme type la première en date.

Les prévenus ont généralement renoncé au contrat de réméré; comme on va le voir, ils prétendent acheter ferme et revendre le plus avantageusement possible au premier venu qui se présente, sans préférence, mais sans exclusion à l'égard du vendeur qui veut racheter sa reconnaissance.

Voici une analyse des faits relevés par la prévention :

P..., qui après avoir exercé plusieurs professions, se livrait depuis plusieurs années à des opérations sur les reconnaissances du Mont-de-Piété, établit en avril 1878, rue de la Douane et rue d'Enghien, deux agences dont l'une était exploitée par l'inculpé C..., et l'autre par lui-même sous le nom de Caisse Centrale.

Ces deux agences étaient destinées en apparence à acheter des reconnaissances du Mont-de-Piété, mais en réalité à ne recevoir ces reconnaissances qu'en dépôt et comme garantie de prêts que l'on faisait sur ces gages donnés en nantissement. Le caractère de ces prêts était donc déguisé sous forme d'achat et revente des reconnaissances, et tout en indiquant dans les prospectus distribués au public que la vente était ferme, elle annonçait qu'elle facilitait le rachat pendant un délai de trois mois.

Ce qui ne laissait aucun doute sur le caractère de l'opération, c'est que le gage était toujours repris chez le déposant primitif avec une augmentation de 10 0/0 par mois sur le prétendu prix d'acquisition, augmentation qui représente la rémunération ou l'intérêt perçu par P... sur les avances qu'en réalité il faisait aux propriétaires des reconnaissances déposées.

Enfin, ce qui achève de démontrer que, lors du dépôt, il n'y avait pas vente ferme de la reconnaissance à P... ou à ses associés, c'est que, contrairement à ce qui se pratique en matière de vente réelle, il était délivré aux emprunteurs un bulletin portant le titre de mémorandum, et sur lequel figurait un numéro d'ordre reproduit ensuite sur les livres de P..., et qui servait à retrouver les reconnaissances lorsque le prétendu vendeur venait les retirer.

P... avait aussi d'autres agences qui, après les avances faites par elles, lui transmettaient les reconnaissances après inscription sur un livre *ad hoc*, dont les mentions étaient reproduites sur celui du bureau de la rue d'Enghien, où les dégagements devaient être effectués à l'époque convenue.

Les directeurs de ces agences, qui recevaient à titre de rémunération une remise de 3 0/0 sur le montant des sommes avancées, étaient les sieurs C... et J... Or, toutes ces agences donnaient au déposant la faculté de retirer les reconnaissances dans un délai déterminé, en remboursant le prêt plus un intérêt dont le taux était invariablement fixé à 10 0/0 par mois de la somme prêtée, soit 120 0/0, et ce taux s'augmentait encore dans des proportions indéterminées lorsque le délai assigné pour le remboursement était dépassé.

Les opérations des agences du sieur P... ont été nombreuses, puisque le total des sommes avancées sur ce dépôt des reconnaissances s'est élevé au chiffre de 187.826 fr. 50 c. ayant produit un intérêt, depuis octobre 1878 jusqu'au 20 janvier 1879, de 45.782 fr. 65 c. et que le total des remboursements opérés depuis le 4 novembre 1878 jusqu'au mois de janvier 1879 et comprenant en même temps les avances et intérêts perçus s'élèvent au chiffre total de 190.695 fr. 70 c.

D'autre part, les nombreuses affaires de P... et l'importance du chiffre de ses prêts nécessitaient un grand mouvement de fonds. Aussi le prévenu avait-il recours, pour se procurer les capitaux à l'aide desquels il accomplissait ses opérations, à des bailleurs de fonds auxquels il transmettait les gages de ses emprunteurs.

Ces bailleurs de fonds étaient les inculpés B... et A... Les sommes prêtées par eux à P... devaient être remboursées par lui dans un délai de trente à trente-cinq jours contre la restitution des reconnaissances qui servaient de garantie à ces prêts. La rémunération des sieurs B... et A... était basée à raison de 1 fr. 25 c. 0/0 sur le montant de leurs avances pour le délai d'un mois, c'est-à-dire sur le pied de 15 0/0 l'an.

Or, le total des avances faites par B... à P..., depuis juillet 1878 jusqu'à janvier 1879, s'est élevé à la somme de 316.178 francs ayant produit au taux de 1 fr. 25 c. 0/0 par mois, une somme de 3.052 fr. 22 c., et le total des avances d'A... dans la période du 22 mai 1878 au 18 février 1879, s'est élevé au chiffre de 260 232 fr. 50 c., ayant, au même taux, dû produire 3.252 fr. 90 c. d'intérêts.

Annexe N° 10.

AFFAIRE S...

(Audiences des 26 janvier et 2 février 1881.)

« Le Tribunal,

» Attendu que S..., déjà condamné au mois de mars 1876, pour avoir exploité rue des Petits-Carreaux, sous le nom et l'apparence d'achats à réméré, une agence de prêts sur nantissement de reconnaissances du Mont-de-Piété, a continué de se livrer, dans la même maison, à la même industrie, déguisée sous la forme d'achats fermes suivis de reventes ;

» Que, dans le courant de 1877 et 1878, il a établi dans le même but d'autres agences ou succursales, rue de Bretagne, rue Meslay et rue de l'Entrepôt ;

» Qu'en septembre 1878, il a cédé à D... la maison de la rue Meslay devenue l'agence principale ;

» Que du mois d'avril 1878 au mois de janvier 1879, D..., P... et G... ont pris la gérance des succursales des rues des Petits-Carreaux, de Bretagne et de l'Entrepôt ;

» Que le lien qui existait entre l'agence principale et les succursales est attesté par les déclarations mêmes des prévenus comme par tous les autres documents du procès ;

» Que les prévenus reconnaissent en effet que les agents des succursales devaient livrer soit à S..., soit à D..., toutes les reconnaissances achetées par lui, accompagnées d'un bordereau dont S... ou D... les créditaient en compte courant et qui, en retour, demandaient à celui-ci des acomptes en espèces pour continuer leurs achats ;

» Que d'autre part les emprunteurs qui déposaient leurs reconnaissances dans les succursales étaient avertis qu'elles devaient être envoyées rue des Petits-Carreaux et plus tard rue Meslay, où ils les retrouveraient et d'où beaucoup d'entre eux les ont effectivement retirées ;

» Que, pour faciliter ce retrait, le même numéro d'ordre était porté sur les livres de la succursale qui avait reçu l'engagement, sur le bulletin délivré par elle à l'emprunteur, et sur les livres de la maison principale où se concentraient les reconnaissances ;

» Qu'à la vérité les prévenus soutiennent que, ni les uns ni les autres, ils ne faisaient des prêts, et que D..., P... et G... achetaient ferme au public les reconnaissances que S... ou D... leur rachetaient immédiatement moyennant une commission de 5 0/0 et qu'à son tour il revendait à des soldeurs ;

» Mais que cette assertion est démentie par toutes les circonstances de la cause ;

» Que les nombreux témoins, qui avaient traité avec eux, ont, soit à l'instruction, soit à l'audience, dans des dépositions précises et formelles, concordantes et géminées, assuré non qu'ils vendaient leurs reconnaissances, mais qu'ils empruntaient en les donnant en gage avec le droit de les retirer dans un délai déterminé ;

» Qu'à cet effet il leur était remis, au moment du prêt, un bulletin ou mémorandum constituant leur titre pour retirer les reconnaissances par eux déposées ;

» Que sans doute le mémorandum portait, aussi bien que des affiches apposées dans les bureaux, que l'opération étant une vente et non un prêt, le vendeur n'avait droit à aucune revendication de la chose vendue ; mais que, de notoriété publique, ces mentions n'étaient que de pure forme, et, suivant le dire d'un des témoins, « que pour la frime » ;

» Que si quelquefois, et suivant leur intérêt, S... ou D... tentait d'abuser de ces mentions pour garder les reconnaissances, en revanche aucun débat ne s'élevait jamais au moment du remboursement sur la somme à payer qui était invariablement et d'avance fixée au montant du prêt augmenté de 10 0/0 par mois ;

» Que, pour beaucoup d'opérations faites par les prévenus, la modicité de la somme remise au déposant, eu égard à la valeur des reconnaissances, est absolument exclusive de la pensée d'une vente ;

» Qu'enfin la mention des récépissés et des affiches, combinée par les inculpés pour se dérober aux poursuites et aussi pour mettre les emprunteurs à leur discrétion, ne saurait avoir pour effet d'enlever au Tribunal le droit de constater le véritable caractère du contrat déguisé sous ses apparences mensongères, et qui, dans les cas relevés par la prévention, était manifestement un prêt ;

» Attendu qu'il résulte de l'examen des livres et du rapport de l'expert que les opérations faites par S..., et qui étaient pour la plupart des prêts, se sont élevées à plus de un million de francs ;

» Que si l'état des livres ne permet pas de distinguer les achats de reconnaissances et les prêts et de déterminer par suite le montant exact des intérêts par an, il n'en est pas moins certain que la somme de ces intérêts a dépassé 50.000 francs ;

» Que D... a remboursé des sommes avancées dans les succursales pour un chiffre total de 303.696 francs et perçu sur ces prêts 30.369 fr. 60 c. ;

» Que P... a effectué dans l'agence de la rue de Bretagne des prêts sur reconnaissances pour 69.187 francs, et D... dans l'agence de la rue des Petits-Carreaux pour 60.682 fr. 75 c. ;

» Que dans l'agence de la rue de l'Entrepôt, dirigée depuis le mois de janvier 1879 par G..., les prêts se sont élevés du 4 septembre 1878 au 15 février 1879 à 185.543 francs ;

» Que D..., P... et G... ont reconnu que leur rémunération devait s'élever à 5 0/0 des sommes remises par eux aux déposants, et qu'ils devaient ainsi recevoir moitié de l'intérêt usuraire reçu par S... ou D... ;

» Que vainement enfin, et pour se soustraire à la prévention d'usure, les prévenus qui prêtaient à 10 0/0 par mois, invoquent les risques que présenterait le commerce des reconnaissances du Mont-de-Piété et la valeur aléatoire d'un pareil gage, puisque le prêt, même sur gage, est interdit par la loi à un intérêt supérieur à 6 0/0 par an ;

» Par ces motifs,

» Et par application des articles 411 du Code pénal, 365 du Code d'instruction criminelle, 2 de la loi du 19 décembre 1850 et 463 du Code pénal, pour D..., P... et G... :

» Condamne S... à deux mois de prison et 5.000 francs d'amende ;

» D... à un mois de prison et 2.000 francs d'amende ;

» D... et P..., chacun à 2.000 francs d'amende ;

» G... à 1.000 francs d'amende. »

Annexe Nº 11.

MAISON S. Bureaux ouverts tous les jours jusqu'à 7 heures, dimanches et fêtes jusqu'à midi.

CRÉDIT offert à toute personne ayant un emploi fixe. — Rien à payer comptant. On règle après satisfaction par billets mensuels et par douzièmes. — 7 0/0 d'escompte au comptant et sur les versements anticipés.

GRANDS MAGASINS DE NOUVEAUTÉS

Madame, Désireux d'obtenir votre clientèle, nous avons l'honneur de vous adresser, sous ce pli, un bon de 50 francs que vous pourrez dépenser quand il vous plaira après un premier versement de 5 francs, les 45 francs restant dus seront payables à raison de 2 francs par semaine.

Nos comptoirs de Costumes pour Dames, Habillements pour Hommes ont été largement approvisionnés des modèles les plus nouveaux et notre organisation basée sur celle des plus grands magasins de nouveautés de Paris, nous permettra de servir nos acheteurs à leur entière satisfaction.

Pour assurer toute liberté et mériter la confiance, les marchandises qui ne plairont plus après l'achat seront toujours échangées ou modifiées au gré du client.

En attendant l'honneur de votre visite, nous vous présentons nos salutations les plus distinguées.

LA DIRECTION.

NOTA. — La livraison sera faite 24 heures après l'achat.

Conditions de paiement :

Les commandes de 25 francs et au-dessus sont expédiées contre remboursement du quart de l'achat; la somme restant due, c'est-à-dire les trois autres quarts, est soldée par paiements mensuels et égaux.

Exemple :

Une personne nous demande, au mois de janvier, des marchandises pour une somme de 100 francs.

Nous les lui expédions franco contre remboursement de. .				25 fr.
Le facteur de la poste encaissera en février.				15
»	»	»	mars	15
»	»	»	avril	15
»	»	•	mai.	15
»	»	»	juin	15
		Total à la fin du sixième mois		100 fr.

Les traites sont présentées à l'encaissement le 5, 10, 15 et fin de chaque mois au choix des clients.

Retour des marchandises :

Toute marchandise qui a cessé de convenir ou qui ne répond pas à la garantie donnée est, sans difficulté, échangée ou remboursée au gré de l'acheteur.

MODE DE PAIEMENT

MONTANT DE L'ACHAT	25	60	75	90	120	150	200
1er VERSEMENT ou remboursement à effectuer à la réception des marchandises . .	Fr. 6	Fr. 15	Fr. 19	Fr. 23	Fr. 30	Fr. 38	Fr. 50
2e VERSEMENT 1 mois après l'achat.	10 »	9 »	12 »	14 »	18 »	23 »	30 »
3e VERSEMENT 2 mois après l'achat.	9 »	9 »	11 »	14 »	18 »	23 »	30 »
4e VERSEMENT 3 mois après l'achat.	» »	9 »	11 »	13 »	18 »	22 »	30 »
5e VERSEMENT 4 mois après l'achat.	» »	9 »	11 »	13 »	18 »	22 »	30 »
6e VERSEMENT 5 mois après l'achat.	» »	9 »	11 »	13 »	18 »	22 »	30 »
TOTAL DES VERSEMENTS égal à l'achat.	25	60	75	90	120	150	200

Il est expressément convenu que, faute de paiement exact de l'une des traites à l'échéance, la totalité de ce qui sera alors dû deviendra immédiatement exigible. Il ne peut être fait de traite au-dessous de 8 francs.

Ces conditions ne souffrent que deux exceptions :

1° Lorsqu'une marchandise a été portée, ne fût-ce qu'une fois ;

2° Lorsque le retour est fait plus de huit jours après la réception.

Les retours des marchandises doivent toujours être précédés d'une lettre d'avis contenant tous les renseignements nécessaires à leur régularisation. Ils doivent être faits franco de port et n'être grevés d'aucun remboursement ou débours.

Les colis doivent porter extérieurement les noms et l'adresse de l'expéditeur, et, si possible, le numéro de l'expédition.

Afin d'éviter toute indiscrétion, nos envois, enveloppes, ainsi que nos traites ne portent pas la mention du nom de la maison.

RELEVÉ DES COURS

DES

RENTES FRANÇAISES

De 1797 à 1889.

ANNÉES	5 0/0		4 1/2 0/0		4 0/0		3 0/0 AMORTISS.		3 0/0	
	Plus haut	Plus bas	Plus haut	Plus bas	Plus haut	Plus bas	Plus haut	Plus bas	Plus haut	Plus bas
1797	36 15	6 16	»	».	»	»	»	»	»	»
1798	21 15	9 »	»	»	»	»	»	»	»	»
1799	22 »	9 »	»	»	»	»	»	»	»	»
1800	44 »	18 »	»	»	»	»	»	»	»	»
1801	68 »	31 »	»	»	»	»	»	»	»	»
1802	57 »	50 15	»	»	»	»	»	»	»	»
1803	66 80	47 »	»	»	»	»	»	»	»	»
1804	58 50	52 »	»	»	»	»	»	»	»	»
1805	60 75	51 20	»	»	»	»	»	»	»	»
1806	77 »	59 »	»	»	»	»	»	»	»	»
1807	93 40	70 »	»	»	»	»	»	»	»	»
1808	87 »	78 50	»	»	»	»	»	»	»	»
1809	83 »	77 »	»	»	»	»	»	»	»	»
1810	84 50	78 85	»	»	»	»	»	»	»	»
1811	83 »	79 »	»	»	»	»	»	»	»	»
1812	82 »	76 50	»	»	»	»	»	»	»	»
1813	79 »	47 50	»	»	»	»	»	»	»	»
1814	80 »	47 80	»	»	»	»	»	»	»	»
1815	81 60	52 30	»	»	»	»	»	»	»	»
1816	64 »	54 80	»	»	»	»	»	»	»	»
1817	69 »	55 »	»	»	»	»	»	»	»	»
1818	80 »	60 »	»	»	»	»	»	»	»	»
1819	73 »	60 »	»	»	»	»	»	»	»	»
1820	79 40	67 »	»	»	»	»	»	»	»	»

ANNÉES	5 0/0		4 1/2 0/0		4 0/0		3 0/0 AMORTISS.		3 0/0	
	Plus haut	Plus bas	Plus haut	Plus bas	Plus haut	Plus bas	Plus haut	Plus bas	Plus haut	Plus bas
1821	89 45	73 75	»	»	»	»	»	»	»	»
1822	92 »	82 »	»	»	»	»	»	»	»	»
1823	92 50	75 50	»	»	»	»	»	»	»	»
1824	104 80	90 »	»	»	»	»	»	»	»	»
1825	107 »	90 50	»	»	»	»	»	»	75 50	59 80
1826	101 »	93 »	»	»	»	»	»	»	71 80	60 »
1827	105 »	97 »	»	»	»	»	»	»	74 »	66 40
1828	109 »	100 »	»	»	»	»	»	»	79 50	67 50
1829	109 90	107 80	»	»	»	»	»	»	86 10	73 »
1830	110 »	84 50	»	»	»	»	»	»	86 »	55 »
1831	96 80	88 50	»	»	»	»	»	»	95 50	74 80
1832	99 85	93 »	»	»	»	»	»	»	80 »	62 »
1833	106 »	96 50	»	»	»	»	»	»	80 50	67 50
1834	108 25	104 »	»	»	»	»	»	»	80 50	73 50
1835	108 30	106 »	»	»	»	»	»	»	85 50	76 50
1836	110 50	103 50	»	»	»	»	»	»	82 50	76 50
1837	111 50	106 50	»	»	»	»	»	»	81 50	77 50
1838	110 40	107 50	»	»	»	»	»	»	83 »	78 50
1839	112 75	108 50	»	»	»	»	»	»	82 50	78 50
1840	120 »	100 50	»	»	»	»	»	»	87 »	65 90
1841	116 50	110 »	»	»	»	»	»	»	80 20	76 50
1842	123 50	116 »	»	»	»	»	»	»	82 »	76 50
1843	123 70	118 50	»	»	»	»	»	»	83 50	78 50
1844	126 50	118 50	»	»	»	»	»	»	85 65	79 75
1845	122 »	116 50	»	»	»	»	»	»	86 50	80 20
1846	124 »	117 »	»	»	»	»	»	»	85 »	80 »
1847	119 50	113 »	»	»	»	»	»	»	82 50	74 50
1848	117 »	50 »	»	»	100 50	34 »	»	»	75 »	33 75
1849	92 20	74 60	»	»	71 90	59 »	»	»	57 50	45 50
1850	97 30	86 95	»	»	76 50	68 »	»	»	58 50	54 10
1851	103 »	89 50	»	»	80 »	70 40	»	»	67 »	55 20
1852	106 25	102 50	107 70	99 75	100 »	80 »	»	»	85 »	64 50
1853	»	»	106 75	98 50	99 75	93 75	»	»	82 80	72 »
1854	»	»	100 75	86 80	93 75	82 »	»	»	76 »	62 60
1855	»	»	95 90	89 90	84 »	80 »	»	»	70 25	64 »
1856	»	»	96 »	90 »	87 »	80 »	»	»	75 20	62 40

ANNÉES	5 0/0		4 1/2 0/0		4 0/0		3 0/0 AMORTISS.		3 0/0	
	Plus haut	Plus bas	Plus haut	Plus bas	Plus haut	Plus bas	Plus haut	Plus bas	Plus haut	Plus bas
1857	»	»	95 25	90 »	83 »	79 »	»	»	71 »	66 »
1858	»	»	97 50	92 50	85 »	79 »	»	»	74 50	57 70
1859	»	»	98 25	88 75	90 »	78 »	»	»	73 »	60 90
1860	»	»	98 »	95 20	87 »	84 »	»	»	70 90	67 50
1861	»	»	98 50	94 75	87 »	82 50	»	»	70 »	68 90
1862	»	»	100 80	96 »	85 »	82 50	»	»	74 75	67 »
1863	»	»	99 25	94 10	91 95	87 60	»	»	70 60	66 50
1864	»	»	95 50	91 60	88 20	81 »	»	»	67 70	64 50
1865	»	»	99 »	93 75	88 75	83 50	»	»	69 57	66 »
1866	»	»	100 25	91 75	90 »	84 75	»	»	70 »	62 50
1867	»	»	100 75	93 90	90 »	81 »	»	»	70 55	65 12
1868	»	»	103 »	98 »	94 »	88 50	»	»	72 »	68 »
1869	»	»	105 »	100 »	92 »	87 50	»	»	73 90	69 80
1870	»	»	85 »	73 »	67 »	64 50	»	»	75 10	50 90
1871	96 40	83 »	85 »	73 »	67 »	65 »	»	»	58 45	50 35
1872	92 35	83 »	83 50	75 »	71 25	66 »	»	»	57 25	52 50
1873	93 70	86 95	84 50	77 »	73 »	66 25	»	»	59 10	53 25
1874	100 10	92 05	93 10	83 75	78 05	73 »	»	»	64 80	57 80
1875	100 40	99 60	98 50	90 »	86 50	78 »	»	»	66 95	61 60
1876	107 25	103 95	105 »	94 25	92 50	82 »	»	»	73 »	65 10
1877	108 55	101 75	105 »	94 »	93 »	86 »	»	»	74 25	66 15
1878	115 95	106 »	109 50	100 »	96 »	88 »	87 »	77 25	77 75	69 95
1879	118 95	111 60	116 »	107 75	103 50	97 »	85 90	79 »	84 50	76 30
1880	120 85	113 50	118 »	112 50	106 »	102 »	89 30	82 85	87 25	81 10
1881	121 »	113 25	117 25	110 »	106 10	102 »	89 »	83 80	87 25	82 »
1882	118 70	112 70	115 »	103 40	107 »	99 50	85 »	79 90	84 75	78 65
1883	116 10	104 30	112 25	103 50	100 »	93 »	83 20	76 60	82 65	74 15
CONVERTI EN 4 1/2 1883										
1884	109 15	105 15	110 »	103 »	103 »	96 50	82 30	76 27	79 50	75 10
1885	110 07	107 65	107 95	102 »	103 50	100 50	84 »	78 90	82 95	76 20
1886	110 90	108 30	109 »	103 50	104 05	101 50	86 65	82 10	84 90	80 10
1887	110 40	106 »	106 40	100 25	103 »	100 »	85 80	81 »	82 75	76 »
1888	108 »	103 30	»	»	»	»	87 »	84 »	84 60	80 90
1889	106 30	103 05	»	»	»	»	93 »	86 »	88 40	82 50

BANQUE DE FRANCE

Variations du Taux de l'Escompte et des Avances depuis l'an 1800.

DATES	AVANCES	ESCOMPTE	DATES	AVANCES	ESCOMPTE
An VIII ventôse (1800) 2		6 %	1856 septembre 25		6 %
1806 novembre 14		5 %	» octobre 5		6 % éch. réd. à 60 jours
1807 août 5		4 %			
1814 janvier 27		5 %			
1814 juillet 21		4 %	» décembre 24		6 % éch. report. à 75 jours
1815 août 17		5 %			
1819 mai 6		4 % de 1 à 30 j.			
» » »		5 % de 31 à 90 j.	1857 février 26		6 % éch. report. à 90 jours
1820 janvier 13		4 %	» juin 25	6 %	5 ½
1847 janvier 14		5 %	» juillet 23	5 ½	
» décembre 27		4 %	» octobre 12	6 ½	6 ½
1852 mars 3		3 %	» octobre 20	7 ½	7 ½
1853 octobre 6		4 %	» novembre 10	9 %	8 % de 1 à 30 j.
1854 janvier 19		5 %			
» mai 11		4 %	» » »		9 % de 31 à 60 j.
1855 septembre 20	5 %	4 %			
» octobre 4		5 % éch. réd. à 75 jours	» » »		10 % de 61 à 90 j.
» octobre 18	6 %	6 %	» » 26		7 % de 1 à 30 j.
1856 février 14		6 % éch. report. à 90 jours			
» mars 31		5 %	» » »	8 %	8 % de 31 à 60 j.

Variations du taux de l'Escompte et des Avances depuis l'an 1800.

(SUITE)

DATES	AVANCES	ESCOMPTE	DATES	AVANCES	ESCOMPTE
1857 novembre 26		9 % de 61 à 90 j.	1863 novembre 6	6 %	6 %
» décembre 5		6 % de 1 à 30 j.	» » 12	7 %	7 %
» » »	7 %	'7 % de 31 à 60 j.	1864 mars 24	7 %	6 %
» » »		8 % de 61 à 90 j.	1864 mai 6	7 %	7 %
» » 17	6 %	6 %	» » 9	8 %	8 %
» » 29	5 %	5 %	» » 20	7 %	7 %
1858 février 6	4 ½	4 ½	» » 26	7 %	6 %
» » 18	4 %	4 %	» septembre 9	7 %	7 %
» juin 10	3 ½	3 ½	» octobre 13	8 %	8 %
» septembre 23	3 %	3 %	» novembre 3	8 %	7 %
1859 mai 3	4 %	4 %	» » 24	7 %	6 %
» août 4	3 ½	3 ½	» décembre 8	6 %	5 %
1860 novembre 12	4 ½	4 %	» » 22	5 ½	4 ½
1861 janvier 2	5 ½	5 %	1865 février 9	5 %	4 %
» » 8	7 %	7 %	» mars 9	4 %	3 ½
» mars 14	6 %	6 %	» juin 1	4 %	3 %
» » 21	5 %	5 %	» octobre 5	5 %	4 %
» septembre 26	5 ½	5 ½	» » 9	5 ½	5 %
» octobre 1	6 %	6 %	» novembre 23	4 ½	4 %
» novembre 21	5 %	5 %	1866 janvier 4	5 ½	5 %
1862 janvier 21	4 %	4 ½	» février 15	5 %	4 ½
» février 6	4 %	4 %	» » 22	4 ½	4 %
» mars 27	3 ½	3 ½	» mars 22	4 %	3 ½
» novembre 6	4 %	4 %	» mai 11	4 ½	4 %
1863 janvier 15	5 %	5 %	» juillet 26	4 %	3 ½
» mars 12	4 ½	4 ½	» août 30	3 ½	3 %
» » 26	4 %	4 %	1867 mai 31	3 %	2 ½
» mai 7	3 ½	3 ½	1870 juillet 18	4 %	3 ½
» juin 11	4 %	4 %	» juillet 20	5 ½	5 %
» octobre 8	5 %	5 %	» » 21	4 ½	4 %
			» » 30	5 ½	5 %
			» août 9	6 ½	6 %
			1872 février 27	6 ½	5 %
			1873 octobre 14	7 %	6 %
			» novembre 8	8 %	7 %
			» » 20	7 %	6 %
			» » 27	6 %	5 %
			1874 mars 5	5 ½	4 ½

Variations du taux de l'Escompte et des Avances depuis l'an 1800.
(SUITE)

DATES		AVANCES	ESCOMPTE	DATES		AVANCES	ESCOMPTE
1874 juin	4	5 %	4 %	1882 mars	2	5 %	4 %
1876 mai	26	4 %	3 %	» »	23	4 ½	3 ½
1877 avril	5	3 %	2 %	1883 février	22	4 %	3 %
1878 octobre	16	4 %	3 %	1888 février	16	3 ½	2 ½
1879 mai	23	3 %	2 %	» septembre	13	4 ½	3 ½
1879 octobre	23	4 %	3 %	» octobre	4	4 ½	4 ½
1880 avril	1	3 ½	2 ½	1889 janvier	10	4 ½	4 %
» octobre	14	4 %	3 ½	» »	24	4 %	3 ½
1881 août	25	4 ½	4 %	» février	7	4 %	3 %
» octobre	20	5 ½	5 %	1890 mars	27	3 ½	3 %
1882 février	23	5 ½	4 ½				

PARIS. — IMPRIMERIE CHAIX, RUE BERGÈRE, 20. — 14194-6-92.